以专业的视角带你去看北京城
给你属于北京城的味道

带你去看北京城

你的一本北京地图科普图书

杨伯钢 邢晓娟 甄艺津 曹雨傲 娄维思 编著

中国地图出版社 · 北京

图书在版编目（CIP）数据

带你去看北京城 / 杨伯钢等编著. -- 北京 : 中国地图出版社, 2021.11
ISBN 978-7-5204-2557-5

Ⅰ. ①带… Ⅱ. ①杨… Ⅲ. ①北京 – 概况 Ⅳ. ①K921

中国版本图书馆CIP数据核字(2021)第228242号

策　　划：董　明　刘　艺
文字撰写：娄维思
责任编辑：方　芳
复　　审：余易举
终　　审：陈　宇
审　　校：彭　川　苏文师
插画绘制：穆海音　李东雪　杨佳昕

带你去看北京城
DAI NI QU KAN BEIJINGCHENG

出版发行	中国地图出版社		
社　　址	北京市白纸坊西街3号	邮政编码	100054
电　　话	010-83543926	网　　址	www.sinomaps.com
印　　刷	北京时尚印佳彩色印刷有限公司	经　　销	新华书店
成品规格	280mm × 280mm	印　　张	4.34
字　　数	52千字		
版　　次	2021年11月第1版	印　　次	2021年11月北京第1次印刷
定　　价	68.00元		

书　　号　ISBN 978-7-5204-2557-5
审 图 号　京S（2021）058号

前言

钟鼓楼晨钟暮鼓的回响，大栅栏市井街头的叫卖，故宫角楼醉美的夕阳……北京，有壮丽的皇城、高耸的建筑、温暖的人文、传统的美食、精彩的故事。你是否也曾想要多一个角度来了解北京？是否想过地图上的北京城是什么样的？

在地图上，你可以看到北京的地势地貌，也可以找到北京城几千年历史的印迹，还可以了解北京城是如何布局、如何建设的。老北京城的城墙和城门都在哪里？北京的四合院布局有什么讲究？构成北京城市布局的南北、东西两条轴线上都有什么故事？《带你去看北京城》可以作为你专业的导览员，带你遍历最能体现北京城特色的胡同、牌楼、皇家园林，去认识北京的地标，游览北京的山，品尝北京的美食，逛逛北京的老字号，触摸大运河文化带、西山永定河文化带和长城文化带串联起的北京历史遗产和风俗文化。

《带你去看北京城》是一本认知北京的合集，你可以在不同的视角中观察这座城市，全方位认识这座城市，品读北京独特的风俗、城市性格和精气神。

有关北京的故事随着地图展开，对于你来说，一定是一种全面而生动的阅读体验！

目录

引子

北京，

一座有着三千多年建城史和八百多年建都史的历史名城。

以故宫、三山五园为代表的皇家文化和以四合院、胡同为代表的京城文化在这里融合，

古代的筑城智慧和现代的城市规划理念在这里碰撞。

一根中轴线串联起北京城市的灵魂，

三条文化带描绘了北京城市的品格，

深厚的历史积淀和多样的社会生活勾勒出首善之区的古都风韵与时代风貌。

北京？北京！

北京，简称“京”，是中华人民共和国的首都，是全国的政治中心、文化中心、国际交往中心、科技创新中心，是世界著名古都，是现代化国际城市。

北京地处华北大平原的北部，东面与河北省、天津市毗连，西、南、北三面均与河北省相邻。北京地势西北高、东南低。西部、北部和东北部三面环山，东南部是一片缓缓向渤海倾斜的平原。

北京的气候属于典型的暖温带半干旱半湿润大陆性季风气候，夏季高温多雨，冬季寒冷干燥，春秋短促。

北京市地貌和气候图

1 千年古都是怎么来的

❶ 从文献中来

北京是一座古都，有着三千多年的建城历史，这是从什么时候开始算的呢？西周时期营建的蓟城是北京最早出现的一座城池，北魏郦道元《水经注》中记载道：“昔周武王封尧后于蓟，今城内西北隅有蓟丘，因丘以名邑也。”

小贴士

北京有着三千多年的建城史和八百余年的建都史，北京城可谓是中国古代都城规划设计之集大成者，从辽南京（陪都）开始，历经金、元、明、清，古都北京形成了独特的城市形态和文化积淀。

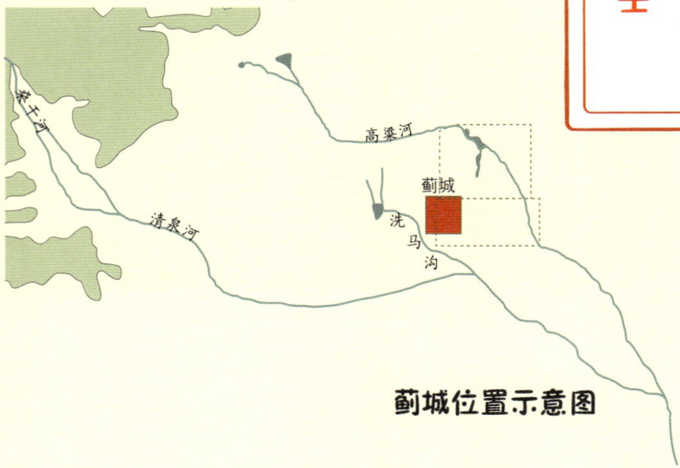

蓟城位置示意图

❷ 从考古中来

1952 年至 1963 年，人们在和平门至广安门这片区域，发现了一大批战国至秦汉时期的古瓦井，这有助于对战国至秦汉时期蓟城方位进行初步认定。瓦井是生活设施，这个发现说明大量的人口聚集在这个区域，间接说明这里曾经是城市。

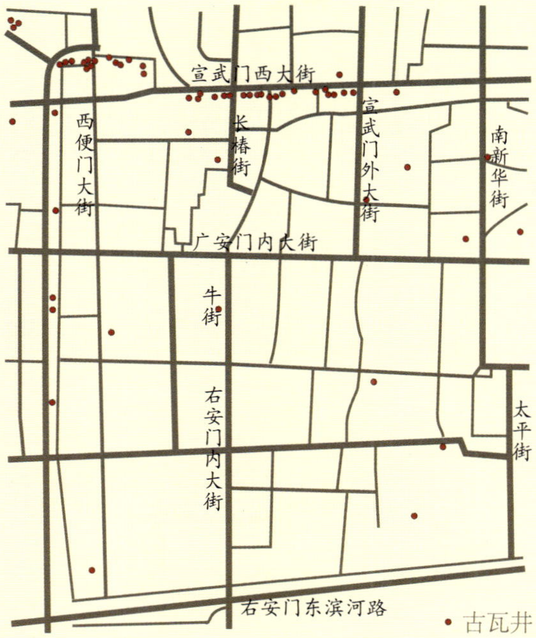

和平门至广安门区域古瓦井分布图

❸ 纪念柱铭记

1995 年，为纪念北京建城 3040 年，原宣武区人民政府决定设立蓟城纪念柱。其正面上方镌有柱铭“北京城区肇始斯地其时惟周其名曰蓟”，柱铭为历史地理学家侯仁之所写。

白云观遗址出土的战国古瓦井陶罐和“蓟”字陶文

蓟城纪念柱

2 城址变迁

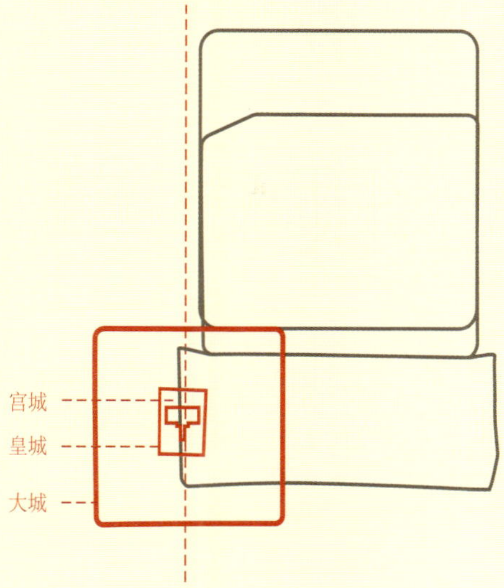

金中都总体格局

呈宫城、皇城、大城三重城垣相嵌套的格局。该中轴线后来成为明清时期北京城外城西墙一线。

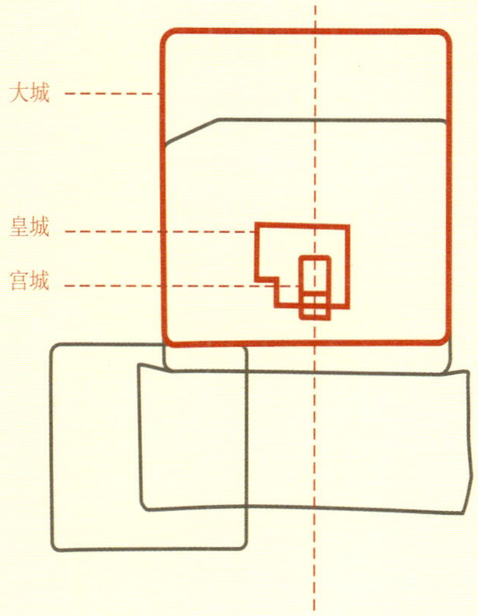

元大都总体格局

采取宫城、皇城、大城三重城垣相嵌套的传统形制。该中轴线与今天穿过故宫的南北中轴线一致。

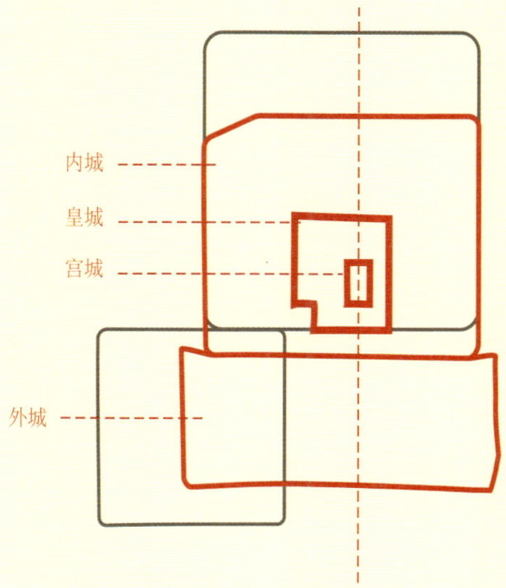

明清北京城总体格局

为宫城、皇城、内城、外城四重城垣相嵌套的格局，城墙外围呈“凸”字形。

皇城在哪里？

北京有一个显著的特点，就是全城围着一个中心而建，而这个中心就是紫禁城（即宫城）。其实紫禁城只是北京城的一小部分，北京城还包括“皇帝的家”——皇城，以及王公贵族住的内城和平民百姓住的外城。

让我们一起来看看这几个城在北京城的分布吧。

明清两代的宫城称紫禁城，现为故宫博物院，位于北京中轴线的中心，是中国古代宫廷建筑之精华。

皇城是拱卫紫禁城并为紫禁城提供生活服务的特殊城池，位于紫禁城和内城之间，是北京四座城垣的第二重，城墙高约 6 米，红墙黄琉璃瓦顶。

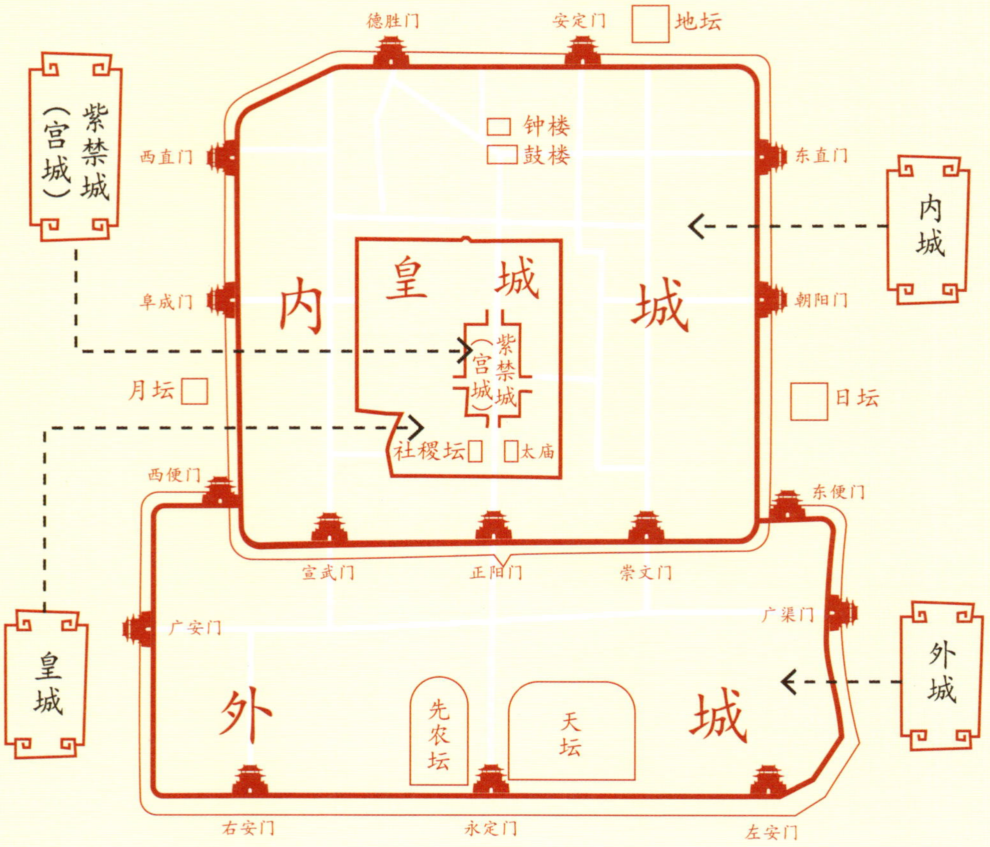

内城围绕在皇城之外，是北京城的主要组成部分。清顺治五年（1648 年），北京城正式实行“满汉分居”，满人居内城，汉人被赶至外城居住。内城四周围有异常高大坚实的城墙，并设有正阳门、崇文门和宣武门等九座城门。

北京城一开始只有内城、皇城和紫禁城，到了明嘉靖年间为了增强北京城的防卫，开始修建外城，本来计划四面都加筑外墙，后因财力不济，只修了南面，即我们今天看到的外城墙，这也是北京的老城呈现“凸”字形的原因。

明清北京紫禁城（宫城）、皇城、内城、外城分布图

1 皇城的演变

很多人都认为紫禁城（也就是今天我们所说的故宫）是“皇帝的家”，其实，“皇帝的家”不仅仅是紫禁城，还包括上图中标注的“皇城”。皇城环绕在宫城之外，是守卫宫城并为宫城提供各种服务和生活保障的特殊城池。在皇城内，有皇家的宫殿和园林，也有各种储物仓库、服务机构、办事衙署等。

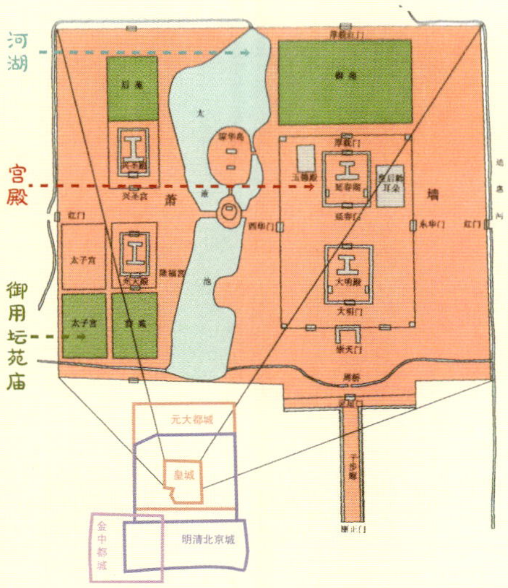

元皇城

元朝在原金中都城的东北侧建起了气势恢宏的元大都，建设者特别在大都城中心正南方偏西的位置上，建设了以太液池为中心的皇城，又称萧墙。

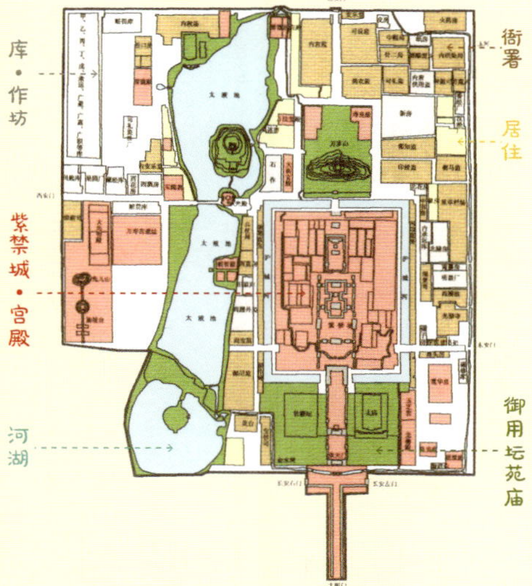

明皇城

今天的北京皇城是从明代开始建设的，它的位置在元皇城的基础上略做了南移，许多元皇城内的皇家园林仍被保留在明代的皇城之内，如元代的太液池（今北海和中海）、后苑（今景山）等都成了明皇城的组成部分。

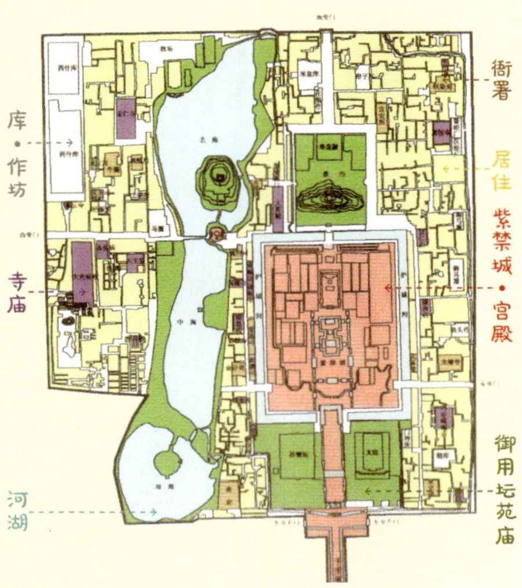

清皇城

在明皇城的基本格局上并未做大的改变，只是对其中的主体建筑进行了多次维修和改建。

2 今天的皇城墙

皇城的墙身为红色，墙顶为黄色琉璃瓦，这样的城墙规格更像是皇家院墙，弱化了防御功能，却强调了皇家与平民的界限。北京明清皇城南起今天的长安街，北到今天的地安门东大街、地安门西大街，东至今东城区南北河沿一线（现已建起皇城根遗址公园），西达今西城区西黄城根一线。南北长约 2790 米，东西宽约 2500 米，面积约 6.9 平方千米。

如今，由于城市建设的需要，部分皇城墙已经消失。目前在长安街沿线、府右街沿线还能够看到完整的红色皇城墙，东城区南北河沿沿线已经建起遗址公园。在地安门内大街、景山东街附近还可以找寻到曾经的内皇城墙（即黄瓦墙）的遗存。

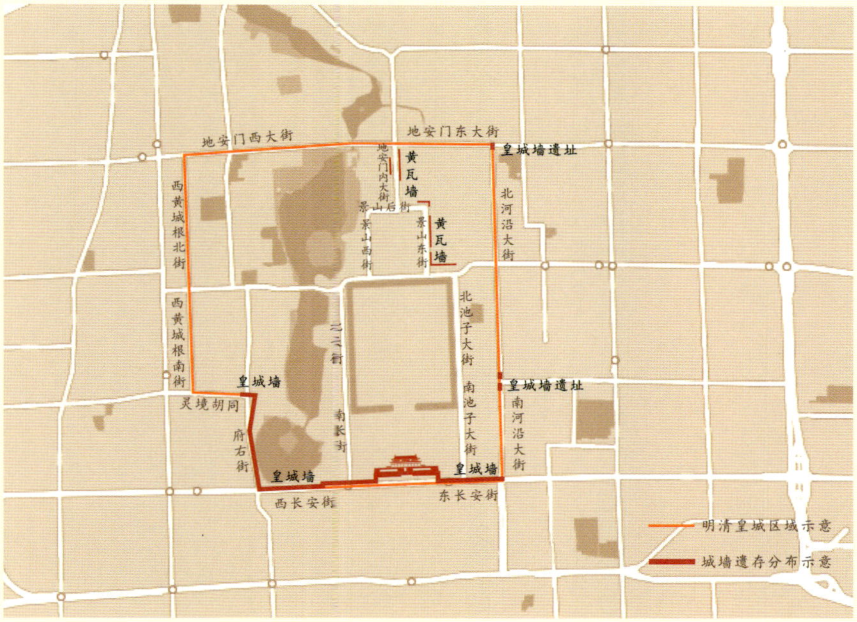

皇城城墙遗址分布图

小贴士

皇城根遗址公园，建在明清北京城东皇城根遗址上，西邻南北河沿大街，东依晨光街，南起东长安街，北至地安门东大街，全长 2.4 千米，平均宽度为 29 米，宛如一条连接紫禁城和王府井商业区的绿色飘带。公园中的雕塑和浮雕向人们展示了古都北京独特的人文环境和历史脉络。

“四九城”的门

城门是我国古代城市的一种防御建筑，每个城门都有其特定的功能。老北京有句谚语“内九外七皇城四”，指的就是北京城的城门，这是清朝乾隆年间以后的一种说法。后来，人们习惯称老北京城为“四九城”。

1 皇城四门

地安门

明代称为北安门，清顺治年间改名为地安门，寓意“天地平安，风调雨顺”。

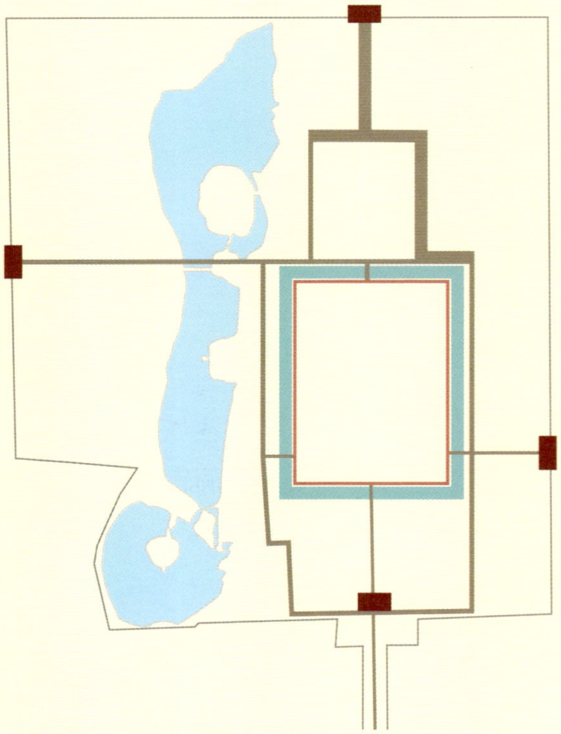

西安门

官员退朝由此出宫。

东安门

官员上朝觐见由此入宫。

天安门

明代称为承天门，清顺治年间改建后更名为天安门，寓意“受命于天，安邦定国”。

2 内城九门

德胜门

明代北方多战事，出兵打仗一般都走德胜门，取“得胜回朝”的意思，专走兵车。

西直门

西直门和东直门取自“民兴教化，东至东海，西至西陲”。西直门专走水车，城门洞顶上刻着水波纹。当时皇帝不喝井水，专喝玉泉山的泉水，送水的水车就由西直门进入城内。民国建立后，末代皇帝溥仪退位，但每天早上西直门仍然要为给溥仪送水的驴车开门，军阀混战时期竟然也没有中断过。

阜成门

寓意“物阜民安”，专走煤车，城门洞顶上刻一梅花。因为北京西部的门头沟是产煤之地，京城使用的煤全部由门头沟煤矿供应。

宣武门

意为“武烈宣扬”，元朝称为顺承门，清朝初年仍沿用此名。宣武门外为菜市口刑场，囚车从此门出入，城门洞顶上刻有“后悔迟”三个字。

小贴士

九门提督——京城最霸气的官职，是清朝的驻京武官，是掌管内城九门守卫工作的步军统领，担负着保卫皇帝的重要任务。

“内九外七皇城四”城门分布图

安定门

此门为出兵征战得胜而归的收兵之门，取“回兵安定”之意。另外，因地坛附近是北京的主要粪场，此门也走走粪车。

东直门

西直门的姐妹门，专走瓦砖、木材车，因为那时候砖窖都设在东直门外，由南方通过通惠河和坝河运来的木材也都由东直门进入城内。

朝阳门

意思是“迎宾日出”，城门洞顶上刻有一个谷穗儿，专走粮车，南方的粮食向北京调运必须走通惠河，运到通县（今通州）后再装车从此门进城。

崇文门

取“尊崇孔孟教化”的意思，俗称哈德门，是走酒车的门，又是收税的地方，凡是过往商人都要在这缴税。乾隆年间的大贪官和珅就当过崇文门税监。

正阳门

正阳门居中，地位最高，俗称前门，是专供皇帝走龙车的门。皇帝每年两次出宫祭礼——冬季去天坛祭天，惊蛰到先农坛祭祀并亲耕，都走正阳门。

揭秘四合院

四合院，又称四合房，是中国的一种传统合院式建筑。它一般由一个院子和四面合围的房屋组成。因房屋把庭院合围在中间，所以叫作四合院。

四合院至今已经有 3000 多年的历史，全国各地的四合院都有所不同，其中以北京的四合院最为典型，其建筑和格局体现了中国传统的等级思想和阴阳五行学说。

1 院落的制式

从四合院的俯视图上可以看出，“口”字形的称为一进院落，“日”字形的称为二进院落，“目”字形的称为三进院落。

其中，三进院落的四合院是明清时期典型的四合院结构，布局最合理、紧凑，是民间大量采用的形式，而四进院、五进院已经是等级非常高的院落了。

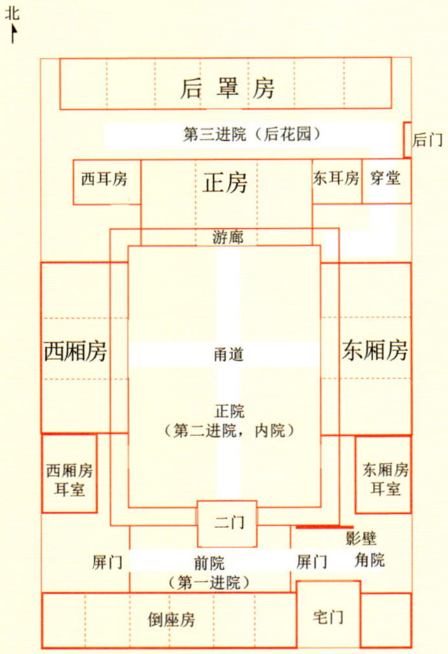

三进院落组成平面图

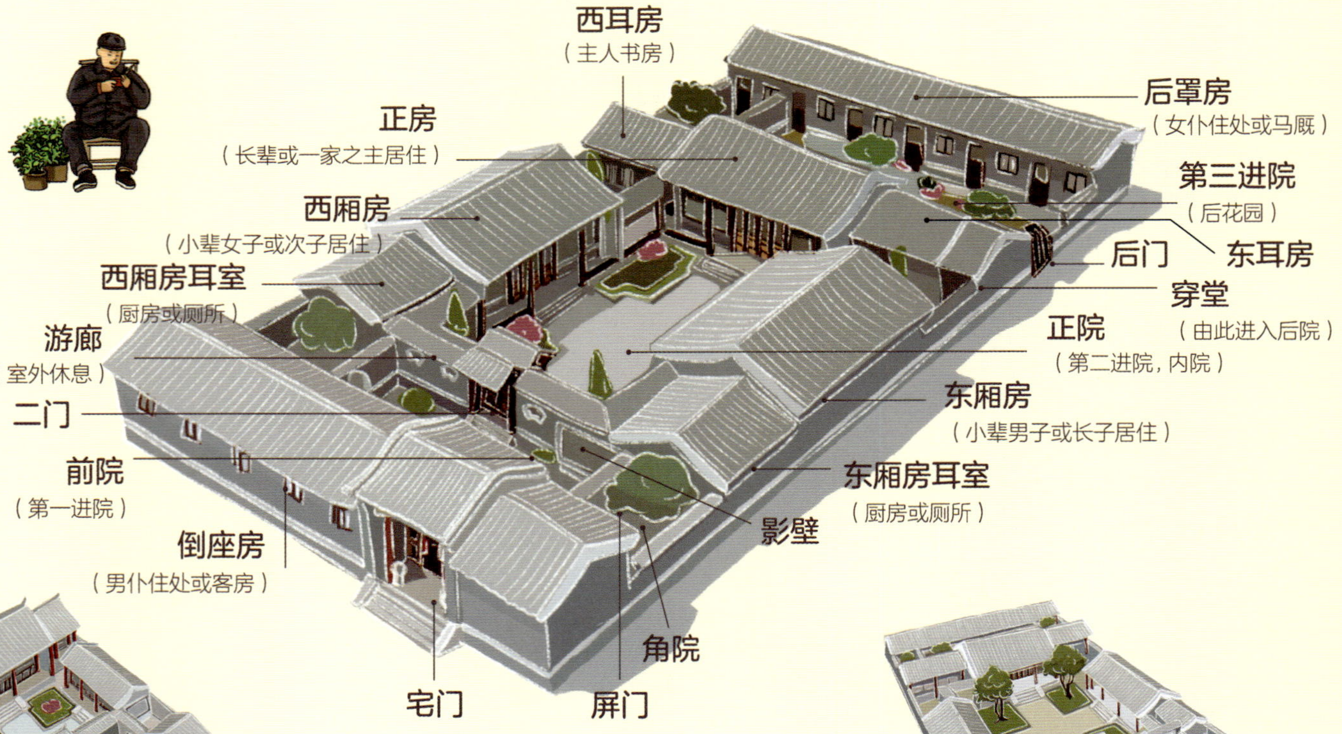

典型的三进院落俯视图

一进院落

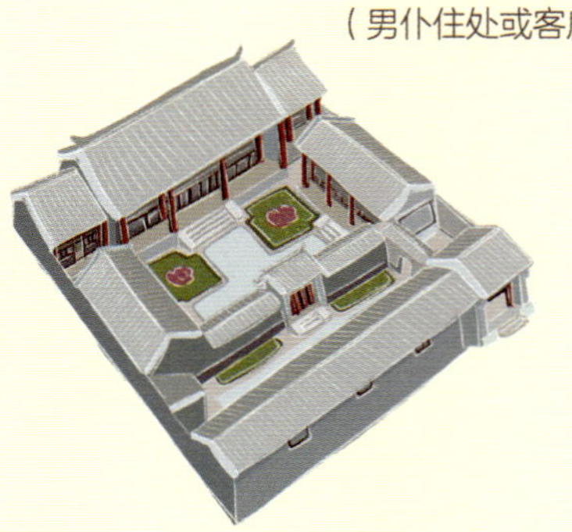

二进院落

三进院落

2 宅门的等级

广亮大门

也称广梁大门，是古代有相当品级的官宦人家采用的宅门形式。其主要特点是大门山墙中间有中柱，中柱上有木制抱框，框内安朱漆大门，门前有半间房的空间，房梁全部暴露在外。

金柱大门

形制上略低于广亮大门的一种宅门，也是具有一定品级的官宦人家采用的宅门形式。在规模上，金柱大门比广亮大门要小，门也窄，有的只有半开间，其他方面如大门的构造、屋顶、雕饰等，均与广亮大门相似。

如意门

在前檐柱间砌墙，墙的居中部位留一门洞。门洞内装一木门，门口上面的两个门簪迎面多刻“如意”二字，这大概就是如意门名称的由来。

蛮子门

蛮子门是商人富户常用的宅门形式。蛮子门与广亮大门、金柱大门结构基本相同，不同的是将槛框、余塞板、门扇等安装在前檐檐柱之间，门扇外没有容身空间。

窄大门

窄大门是广大平民百姓住宅使用的一种宅门形式。窄大门不像前几种宅门那样占用一间房屋，它只占用半间房子的空间，因其空间狭窄，故名窄大门。

随墙门

随墙门属于墙垣式大门，即简单地在院墙上留出或开凿一个门洞，门洞上部做出一道木质或石质过梁，门洞上安装抱框和门扇，有的甚至都没有门墩，构造极其简单。

四进院落

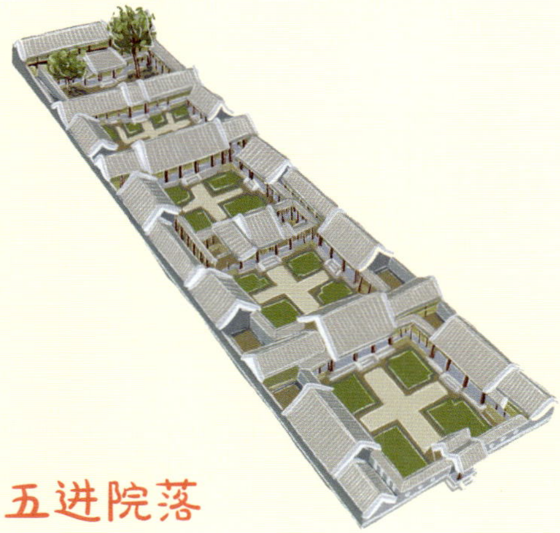

五进院落

小贴士

你知道吗？五进院落比较少见，都是达官显贵住的地方。《红楼梦》里的贾母住的就是五进院。

北京的“脊梁”

打开北京地图，你会发现，有一条贯穿老城的中轴线，人们称它为北京的“脊梁”。

北京中轴线是指北京自元大都、明清北京城建城以来形成的，使城市建筑物呈东西对称的一条轴线，长 7.8 千米。梁思成先生说过，“凸字形的北京，北半是内城，南半是外城，故宫为内城核心，也是全城布局中心，全城就是围绕这中心而部署的。但贯通这整个部署的是一根直线，全世界最长，也是最伟大的南北中轴线，穿过了全城。北京独有的壮美秩序就由这条中轴的建立而产生。”

2 中轴线的历史

1 中轴线一览

如果你想真正了解北京，
沿着中轴线走一走，
便可以了解北京城的精髓。

北⟷南

钟楼
是老北京城中轴线的北端点。

鼓楼
元明清三代都城的报时中心。

万宁桥
取『万年永宁』之意，是大运河流入积水潭的入口。

国家游泳中心

国家游泳中心又称“水立方”“冰立方”，位于北京奥林匹克公园内，是北京 2008 年奥运会的主游泳馆、北京 2022 年冬奥会的竞赛场馆之一。

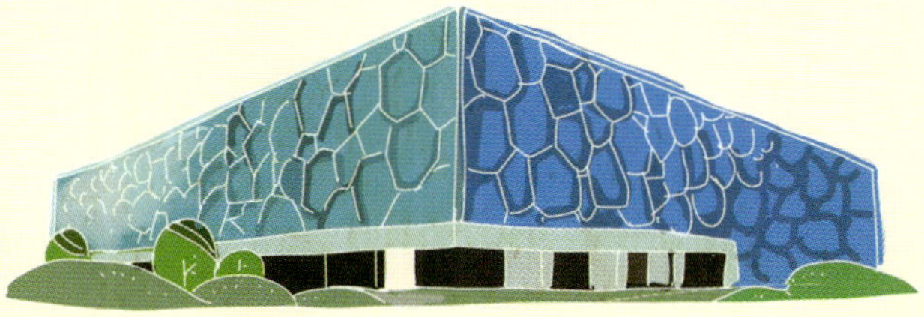

奥林匹克森林公园

奥林匹克森林公园位于北京市朝阳区北五环，公园占地 6.8 平方千米，是北京最大的市内休闲公园。

正阳门

俗称前门，内城九门之一。

先农坛

原称山川坛，明清时期，皇帝每年春季在此行藉田礼。

天坛

原称天地坛，与先农坛沿中轴线呈对称分布。

永定门

取『永远安定』之意。

神州第一街

长安街及其延长线是贯穿北京城区东西的中轴线路。

1954 年，拆除西长安街牌楼和东长安街牌楼，长安街道路由此贯通；

【长安街 = 东单至西单，长 3.8 千米】

1959 年，东起建国门、西达复兴门的长安街全线拓宽，成为“神州第一街”。

【长安街 = 建国门至复兴门，长 6.7 千米】

我们来一起感受一下长安街的故事吧。

捷克喀罗莎 RT 客车。

1 长安街一览

一条长安街，半部北京史。

北京人的生活离不开这里。

2 记忆里的长安街

“大 1 路”

长安街上的 1 路公交车，承载了很多人的记忆。伴随着中华人民共和国成立 70 多年来的建设和发展，1 路公交车也逐渐变化，是时代进步的见证。

目前大家所见 1 路车是 2017 年更新的“中国红”。

由于燃油稀有，“我”变成了煤气包车。

“大通道”BK670 铰接式客车，是市民心中的经典“红 1 路”。

以液化天然气为能源的通道空调车。

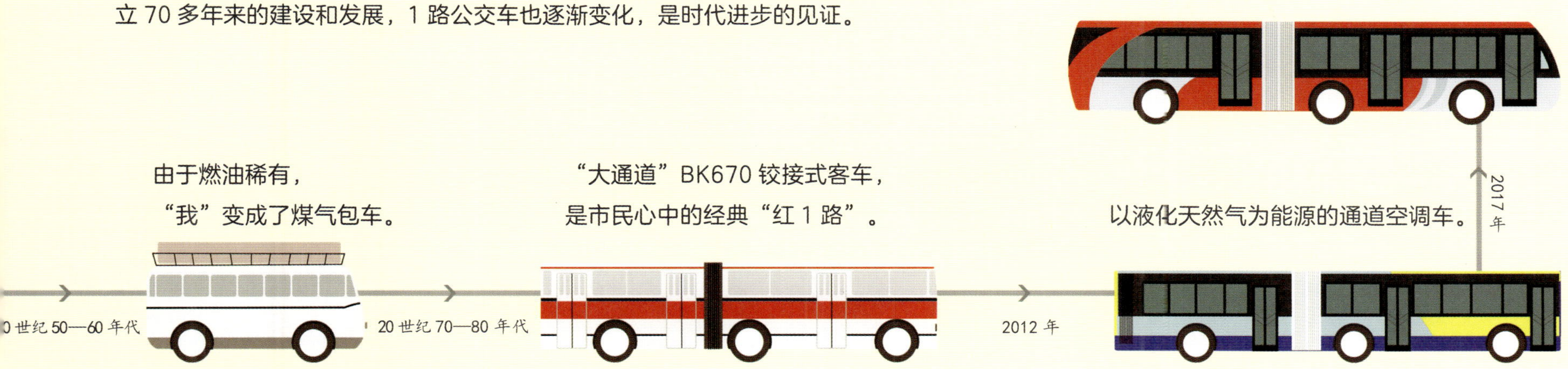

中国工商银行总行
中国五大国有银行之一。建筑融合了中国传统和西方规划原理，在建筑总体布局上遵循了“天圆地方”的设计理念。

北京民族文化宫
建于 1959 年，是庆祝中华人民共和国成立十周年北京十大建筑之一。象征着中国 56 个民族团结、统一、发展、繁荣。民族文化宫大剧院经常会有名家名剧演出！

中国银行总行
中国五大国有银行之一。总行大楼由贝聿铭先生主持设计。

北京图书大厦
规模大、经营品种丰富，堪称全国“第一书城”。

北京音乐厅
是我国第一座专为演奏音乐而设计的现代演出场所，享有“中国的音乐圣殿”之称。

汉白玉牌匾

25 座人行过街地下通道

金色护栏

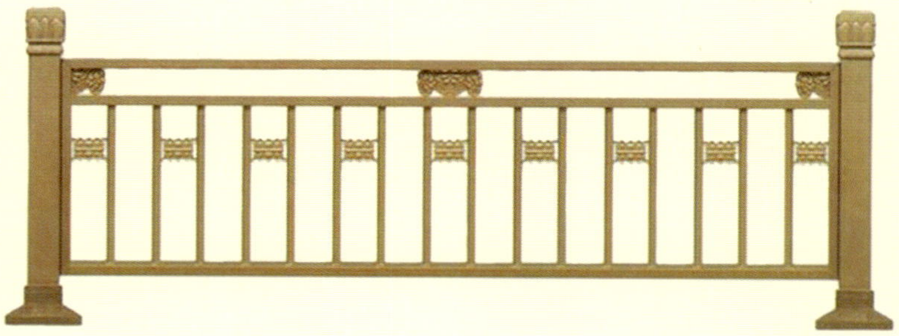

护栏秉持庄严、沉稳、厚重、大气的风格特点，抗折损能力强，耐候性和抗腐蚀性好。

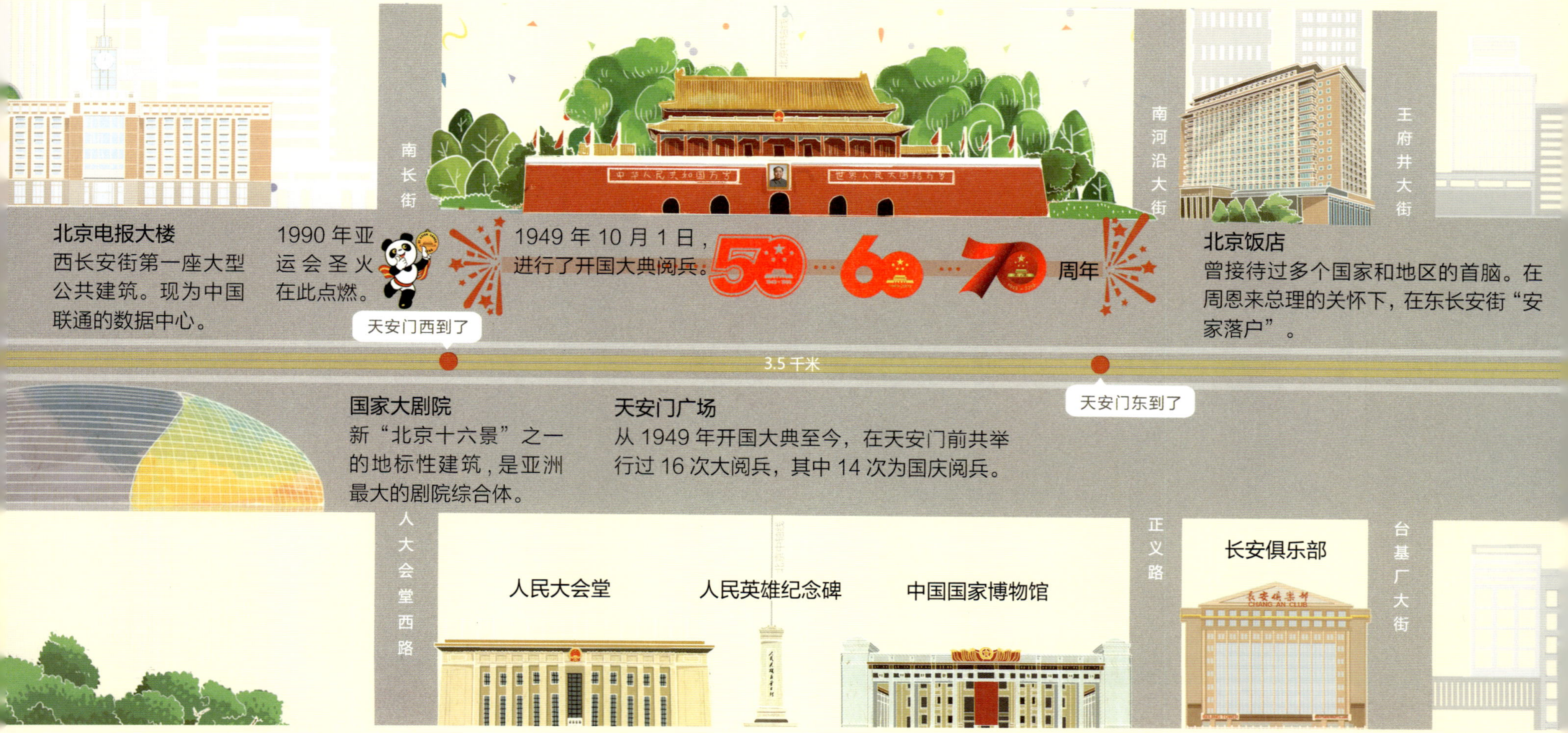

长安街上的华灯

复兴门至建国门共有 253 座华灯，6735 盏光源。华灯样式都由周恩来总理亲自挑选，共两种类型：莲花型、棉桃型。

莲花型华灯：分布在天安门广场两侧以及南池子、南长街，共 110 座。共两层，由“1+8”的灯球形式组成。

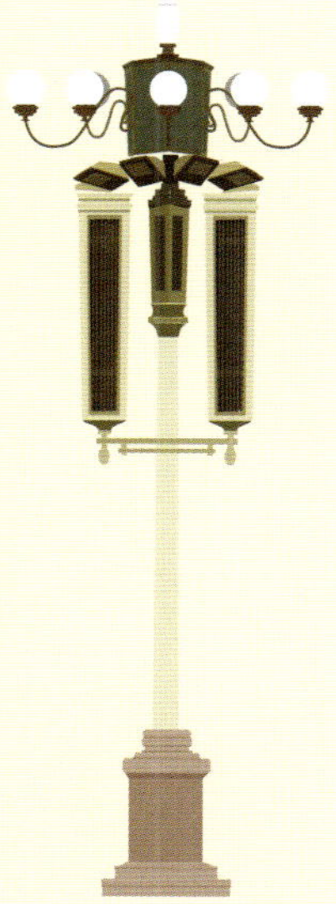

莲花型华灯

棉桃型华灯：分布在长安街两侧，共 143 座。共三层，由“1+5+9”的灯球形式组成。

棉桃型华灯

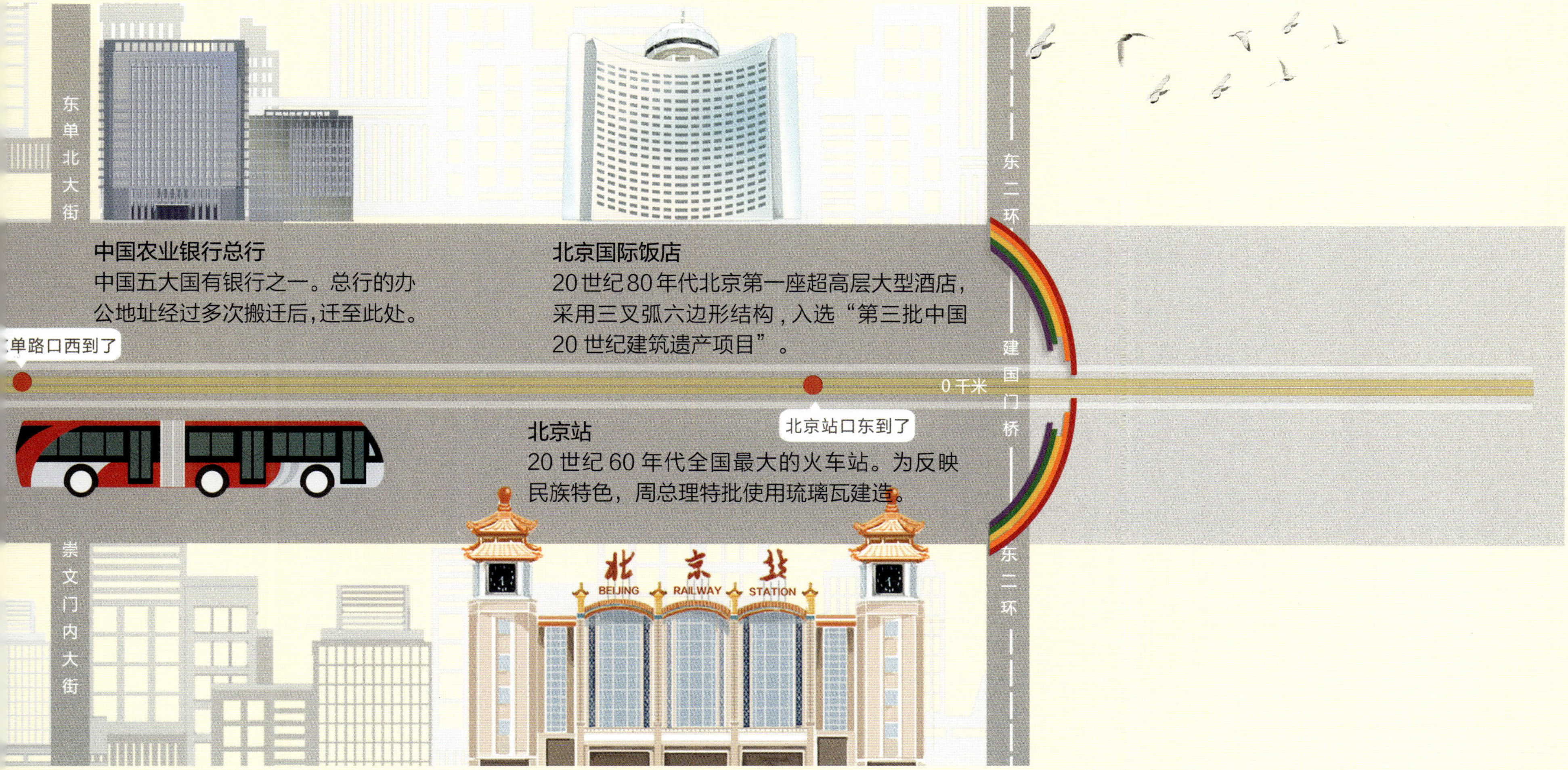

走！去串胡同！

作为北京街巷代表的胡同，不仅构成了北京城的交通网络，反映了北京的城市格局，也是老北京城市生活的单元，成为北京历史文化发展演变的重要舞台。如果你想要了解老北京的故事，那就跟我们一起来逛逛胡同吧！

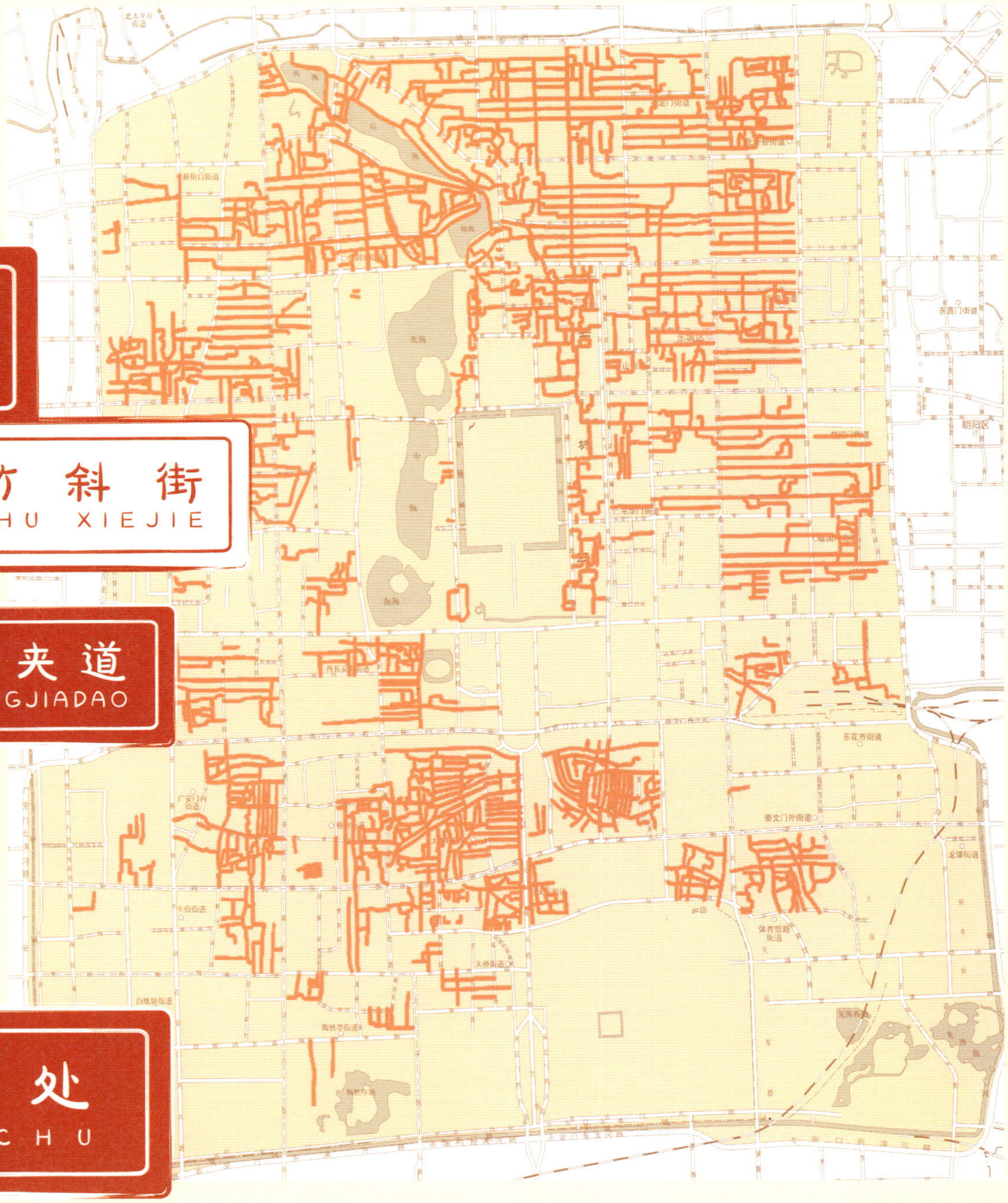

北京现存胡同分布图

北京胡同之最

最古老·砖塔胡同

位于西城区，被誉为“北京胡同之根”。砖塔胡同也是原始风貌保存得比较好的胡同之一。

最长·东交民巷

位于东城区，西起天安门广场东路，东至崇文门内大街，旧时是漕运地，原称东江米巷，全长近 3 千米，是过去北京最长的街巷。

最短·一尺大街

位于西城区，与杨梅竹斜街西段相连，虽是北京最短的胡同，却也并非真的只有一尺长，而是长 30 余米。

最宽·灵境胡同

位于西城区繁华的西单商圈，一侧是老佛爷百货。它的确超越了一般胡同的宽度，现在又铺成了柏油路，就是一条宽敞的街道。

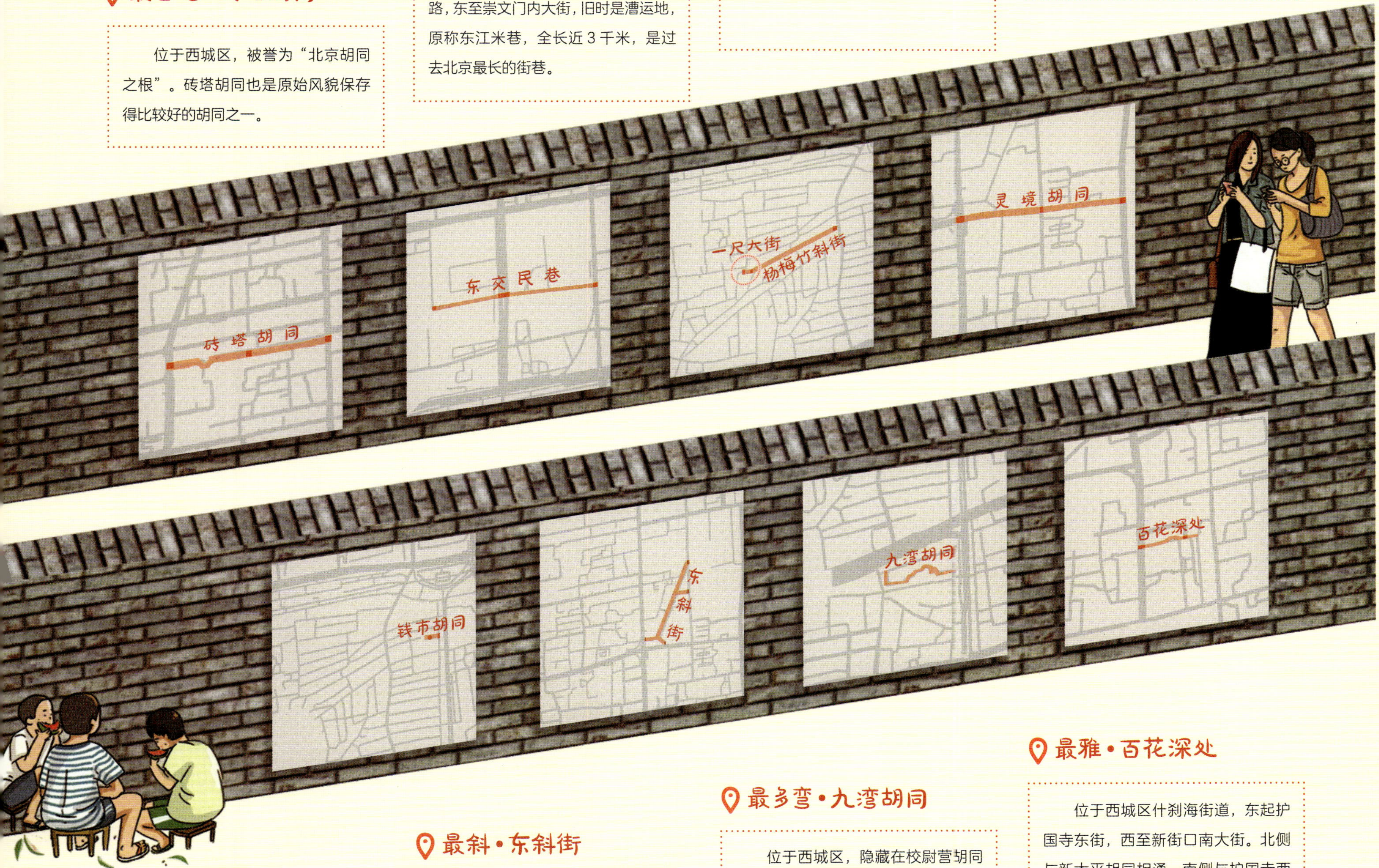

最窄·钱市胡同

位于西城区，在珠宝市街西侧，长 55 米，宽 0.7 米，是中国现存最早、最完整的金融交易场所的所在地。

最斜·东斜街

位于西城区东南部，为东北—西南走向，东北口起于西黄城根南街，东南口至灵境胡同，和西单北大街相连。在地图上，以正南正北方向为准，东斜街与水平之间夹角大于 45°。

最多弯·九湾胡同

位于西城区，隐藏在校尉营胡同中，一不留神就会错过，全长约 390 米，弯曲之处不少于 13 处。

最雅·百花深处

位于西城区什刹海街道，东起护国寺东街，西至新街口南大街。北侧与新太平胡同相通，南侧与护国寺西巷相通。老舍、顾城等文人都在诗文中描写过它。

说说北京的牌楼

北京有记录的牌楼共 300 多座，现存明清时期的牌楼 60 多座，包括琉璃牌楼、木牌楼、石牌楼等。其中街道上的牌楼有 6 座，即国子监街上的 4 座牌楼、朝阳门外神路街东岳庙前的琉璃砖牌楼和颐和园东门外的牌楼。其余牌楼主要分布在北海公园、颐和园、香山公园等公园景区和白云观、碧云寺、卧佛寺及明十三陵等宫观寺庙。

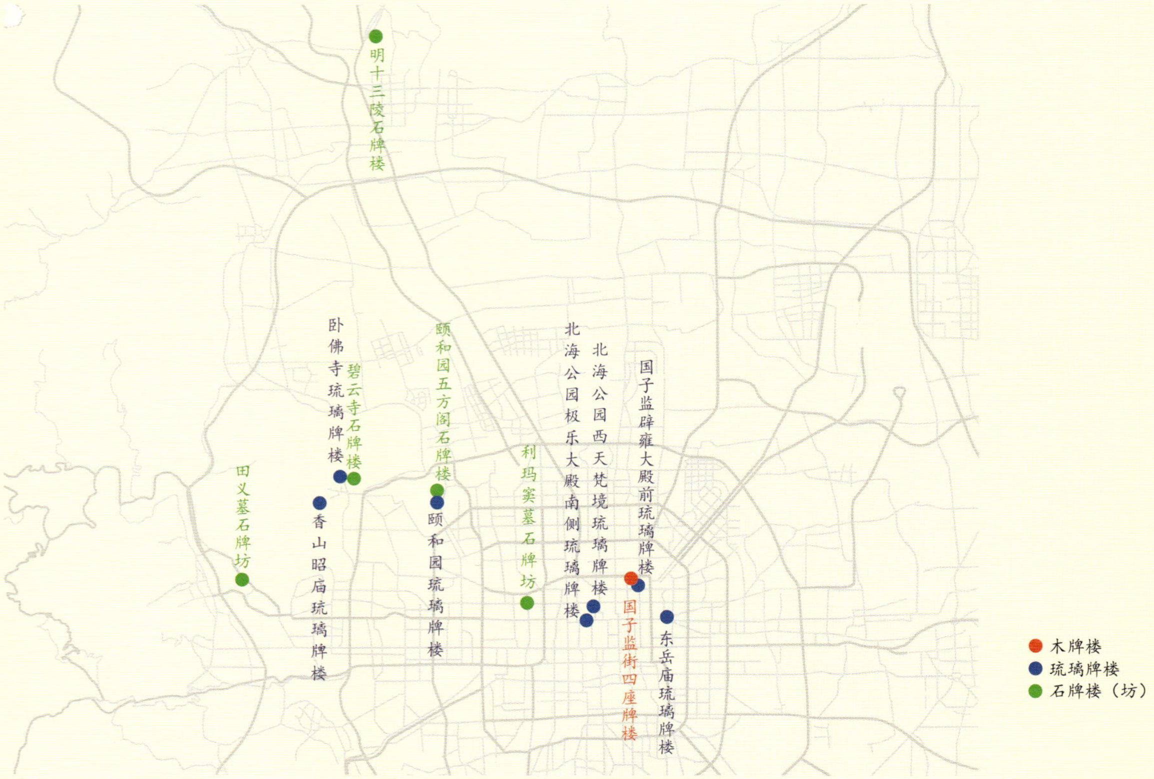

部分明清时期牌楼分布图

1 牌楼的结构

从结构上划分，牌楼有两柱一间、四柱三间、六柱五间等多种样式。牌楼的楼顶有一楼、三楼、五楼、七楼、十一楼等形式。

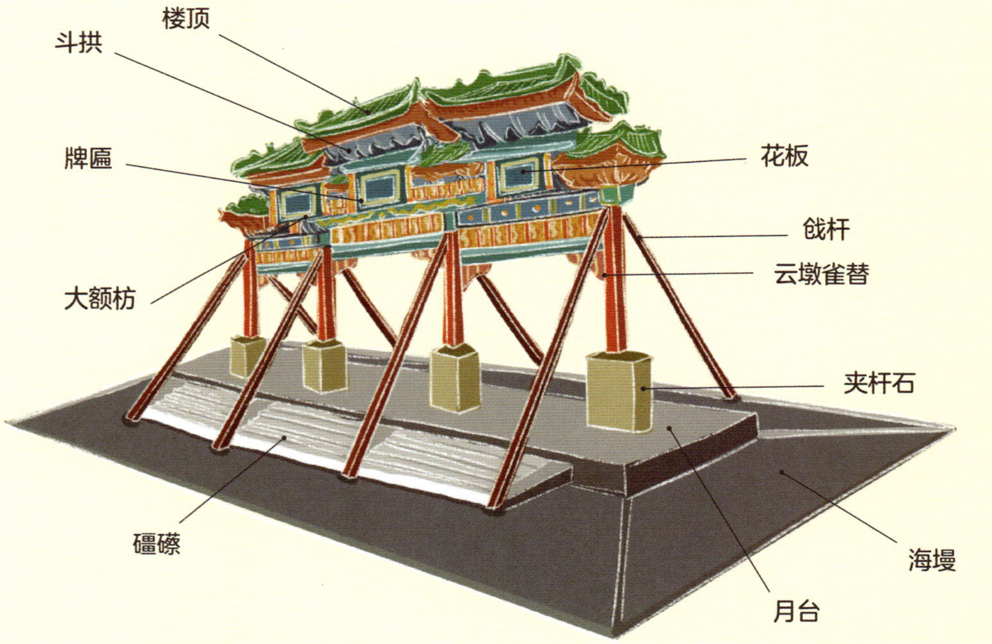

“四柱三间”牌楼结构示意图

2 牌楼的样式

牌楼的形式多种多样，风格各异。以牌楼的主要建筑材料划分，可以分为木牌楼、石牌楼、琉璃牌楼等。其他形式的牌楼虽然有多种形式的创新，但是都以木牌楼为蓝本。从用意上划分，牌楼还可以分为贞节牌楼、功德牌楼、街牌楼、桥牌楼、山门牌楼等。

跨街木牌楼

以前，老北京的主要大街都建有跨街木牌楼，其中最著名的牌楼主要分布在东单、西单、东四、西四。现在这些牌楼虽然已经被拆除，但是以牌楼名为名的地名仍然沿用。东单和西单原各有 1 座牌楼，东四和西四各有 4 座牌楼，都是四柱三间冲天式带戗杆的木牌楼。后来，由于道路拓宽，10 座牌楼均被拆除。西单牌楼和西四牌楼已经复建，但制式已有改变。

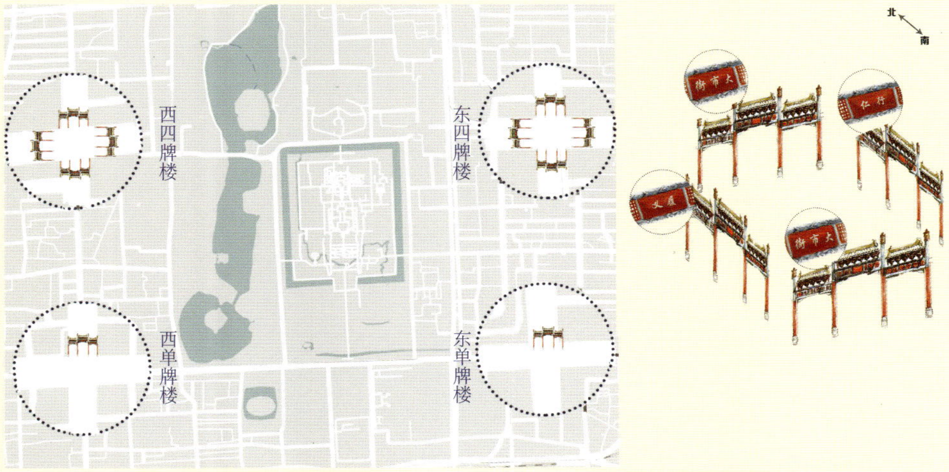

西四、东四、西单、东单牌楼分布图

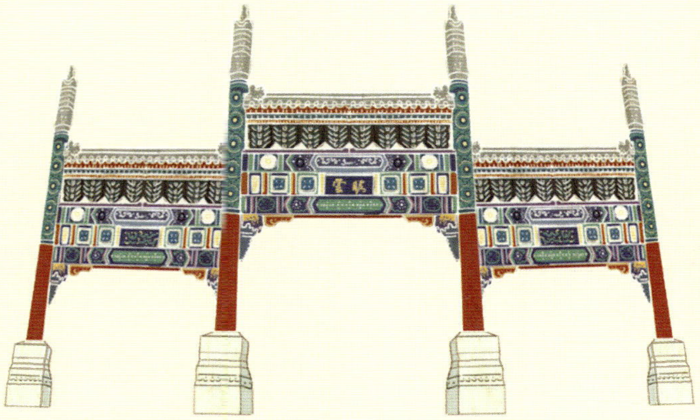

复建后的西单牌楼

石牌楼

北京最著名的石牌楼就是明十三陵的石牌楼，这是一座六柱五间十一楼的彩绘石牌楼，这座高大的石牌楼是陵园的陵门，显示了帝王陵寝的磅礴气势，它巨大的汉白玉构件和精美的石雕工艺堪称一绝。

明十三陵石牌楼

琉璃牌楼

琉璃牌楼整体形态较为厚重，造价较高。北京国子监的琉璃牌楼是全国唯一一座专门为教育而设立的牌楼，是中国古代崇文重教的象征。此外北京的琉璃牌楼还有东岳庙琉璃牌楼、香山昭庙琉璃牌楼、颐和园琉璃牌楼等。

国子监辟雍大殿前琉璃牌楼

皇家园林

皇家园林，在古代也称为“苑”“囿（yòu）”“宫苑”“园囿”“御苑”。北京是五朝古都，历代建设了大量的皇家园林，现存的皇家园林主要以清时期为主。在中心城区主要有前三海、景山等皇家园林，另外还有天坛、地坛、先农坛等大内御苑；中心城区之外的皇家园林主要分布在“三山五园”区域，包括圆明园、颐和园等。另外，还有南苑等皇家苑圃，它们也是皇帝的狩猎场所。皇家园林均是风景优美、环境幽静之地。

1 御花园

御花园，位于紫禁城的中轴线上、坤宁宫后方，明代称为宫后苑，清代称为御花园，是供帝王家眷休憩游览的场所。御花园其实并不大，占地面积只有 1.2 万平方米。园内主体建筑是钦安殿，园内青翠的松、柏、竹间点缀着山石，形成四季常青的园林景观。

2 南海子公园

南海子公园，是北京四大郊野公园之一，因位于皇家园林南苑内而得名，总面积接近于 4 个颐和园。南海子历史上是北京最大的湿地，是辽、金、元、明、清五朝皇家猎场和明、清两朝皇家苑囿。“南囿秋风”为“燕京十景”之一。

3 天坛公园

天坛公园，曾是明、清两代皇帝每年祭天和祈祷五谷丰收的地方。天坛以严谨的建筑布局、奇特的建筑构造和瑰丽的建筑装饰著称于世。总占地面积约为 2.7 平方千米，分为内坛和外坛，主要建筑物分布在内坛，南有圜（yuán）丘坛、皇穹宇，北有祈年殿、皇乾殿。

4 三山五园

“三山五园”，是对北京西北郊以清代皇家园林为代表的历史文化遗产的统称。“三山”是指万寿山、香山、玉泉山，“五园”是指清漪园（今颐和园）、静宜园（位于香山）、静明园、畅春园（今北京大学内）和圆明园。

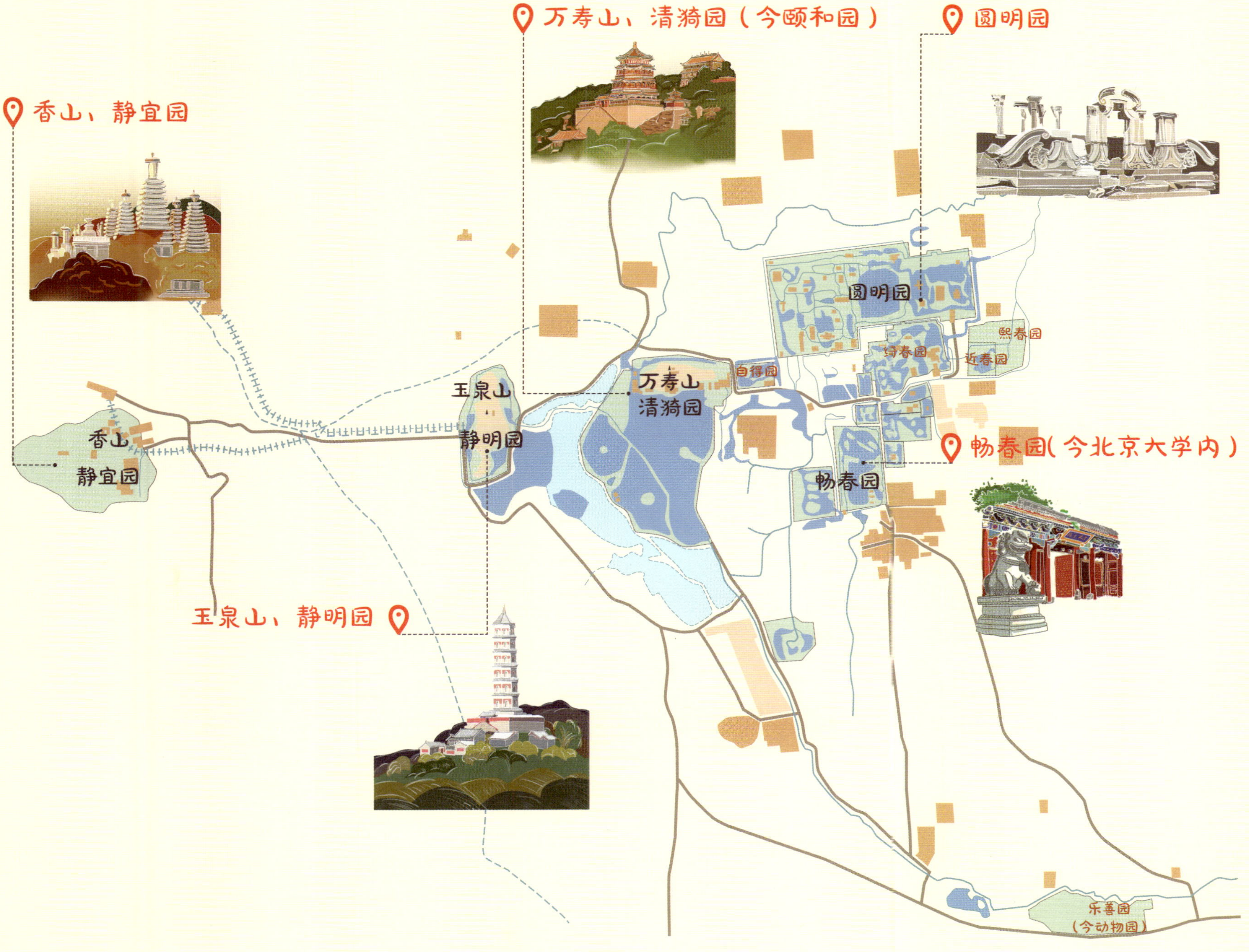

清代“三山五园”分布图

畅游中国大运河北京段

古韵悠悠回荡起千帆过尽的运河调子，碧波粼粼反射出从历史中走来的水运繁华。中国大运河包括京杭大运河、隋唐大运河、浙东大运河三部分，是世界上最长的运河，也是世界上开凿最早、规模最大的运河。2014 年 6 月，中国大运河被载入世界文化遗产名录。联合国教科文组织认为，运河遗存“代表了人类的迁徙和流动，代表了多维度的商品、思想、知识和价值的互惠和持续不断的交流”。

作为大运河的北起点，大运河北京段全长 82 千米，像一条绿丝带串起北京城的西北和东南，贯穿昌平、海淀、西城、东城、朝阳、通州六区，串联起北京城的运河历史。让我们一起畅游运河、纵观古今，了解大运河北京段的文化遗产，领略大运河的人文风情，感悟大运河的独特魅力。

1 中国大运河北京段遗迹

白浮泉

为了解决元大都漕运用水的问题，水利专家郭守敬引昌平东南白浮泉水作为大运河北端的上游水源。

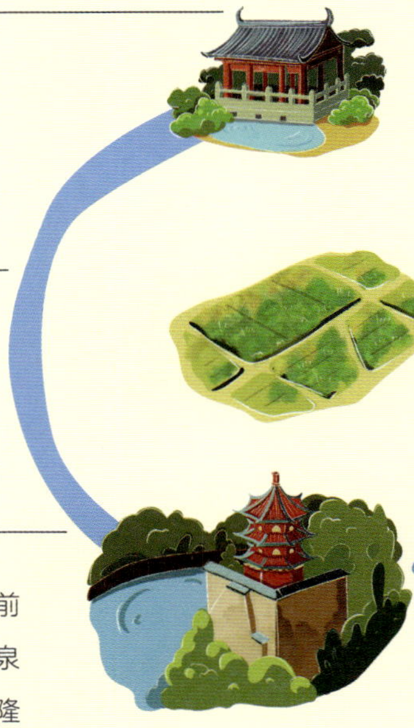

白浮瓮山河

白浮瓮山河是元代大运河北京段北部的第一段，中华人民共和国成立后修建的京密引水渠大体沿用了白浮瓮山河的旧道。

昆明湖（瓮山泊）

北京西北郊众多泉水汇聚成的天然湖泊，因万寿山前身有瓮山之名而得名瓮山泊。郭守敬引白浮泉及西山诸泉注入湖中，使其成为元大都城内接济漕运的水库。清乾隆皇帝在瓮山一带兴建清漪园，将湖开拓，并取汉武帝在长安开凿昆明池操演水战的典故，命名昆明湖。

京西水稻

玉泉山、昆明湖一带，有一大片倾斜的平原，是皇家水稻的种植地，这里有海淀的名产——京西水稻。京西水稻米粒圆润透明，分外馨香，主要供宫廷享用。

绣漪桥

绣漪桥位于昆明湖与长河、东堤与西堤的交界处。清代帝后来颐和园时，经常从倚虹堂（今西直门外）或乐善园（今北京动物园）上船，沿长河经绣漪桥下进入昆明湖。

昆玉河

昆玉河指从颐和园昆明湖到玉渊潭的水道。

3 中国大运河线路

大运河开凿至今已有 2500 多年，流经北京、天津、河北、山东、河南、安徽、江苏、浙江等省份，全长 2700 千米，是世界上开凿时间最早、使用时间最久、空间跨度最大的人工运河。

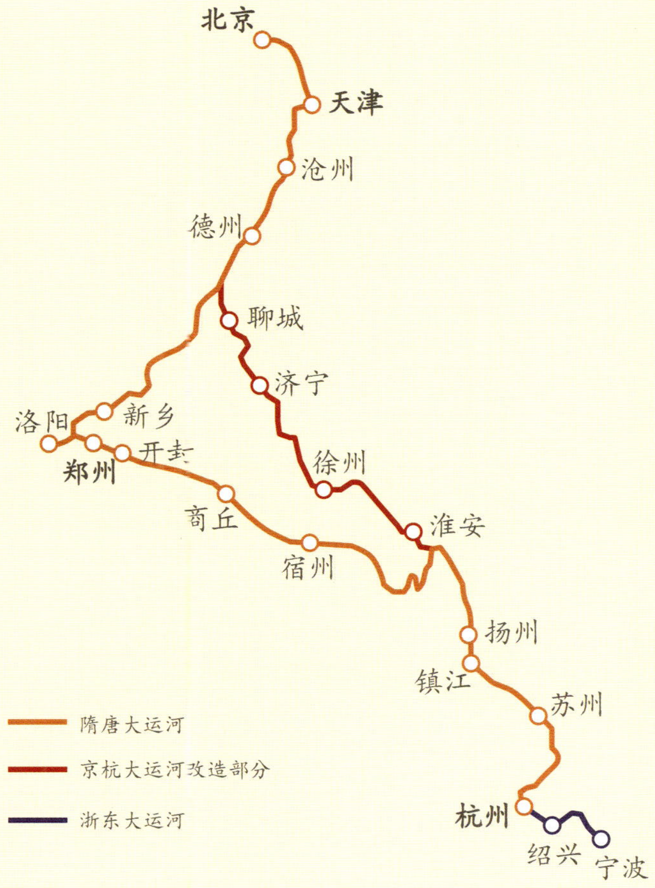

中国大运河线路图

广利桥

因临近广利闸而得名。这里曾是张家湾通往京城的要道，初建时为灰土填壑夯实而成，俗称“土桥”，后改为独券平面石桥。现如今只剩下一尊镇水兽和两道桥栏。

皇木厂

因明代存储皇家专用木料而得名。当时从南方采征建材沿大运河运至此处存放。工部在此同时设置有皇木厂、花板石厂，户部则在此设置有上、下盐厂。

张家湾镇城墙遗迹和通运桥

元代通惠河繁忙之际或通惠河水量不足之时，北上的船只都要在张家湾码头卸货，再通过陆路转运到通州和北京城，张家湾也随之发展为一座繁华市镇。通运桥横跨于萧太后河上，南北走向，为三券平面石桥。昔日，桥下帆樯相连，桥上车马辐辏，为京东水陆要冲。

北京城的摇篮

纵览北京的三大文化带，大运河文化带解决了人们的食物需求，长城文化带解决了安保问题，而西山永定河文化带是北京城市诞生和成长的摇篮，是京城人休闲、观光、陶冶情操的胜地。

西山是对北京西部山地的总称，被誉为“神京右臂”。在重叠的山岭之间有便捷的通道，拱卫北京城的同时也促进了城市的发展与交流。西山所在的太行山脉是永定河的发源地。永定河历经数万年昼夜不息的流淌，将黄土高原和太行山的沙砾搬运到“北京湾”，铺垫起洪积冲积扇平原。

西山永定河文化带有以周口店北京人遗址为代表的考古文化，以潭柘寺为代表的宗教文化，以“三山五园”为代表的皇家园林文化，以妙峰山为代表的传统民俗文化，以爨底下为代表的古村落文化，以首钢为代表的工业遗产文化，以双清别墅为代表的红色文化，此外还有陵墓文化、教育文化等，共同构成了北京人的“精神家园”。

灵山

灵山为北京第一高峰，与横亘于其周边的高大山脉、错落有致的山峰共同组成了北京地区的“屋脊”山系网。

石花洞风景名胜区

河川峡谷两侧是典型的北方喀斯特岩溶景观，石花洞风景名胜区蕴藏着 30 余座景观奇特、各具风格的岩溶洞穴。

爨底下村

爨底下村是我国北方地区保存最完整、具有独特价值的山地四合院建筑群。

灵水村

明清时期，灵水村考取功名的人层出不穷，被当地人冠以“举人村”之称。

十渡岩溶峰林峡谷风景区

位于拒马河北京段，被誉为“北方小桂林”。

云居寺

云居寺、石经山藏经洞、唐辽塔群构成了中国佛教文化一大宝库。

妙峰山

妙峰山因合祀道、儒、释、俗各路神灵而久负盛名，是华北地区一处重要的民俗文化中心。

大觉寺

大觉寺始建于辽代咸雍四年（1068 年），称清水院，金代时，大觉寺为金章宗西山八大水院之一。

青水尖

九龙山

猫耳山

金陵遗址

金陵遗址位于北京市房山区车厂村至龙门口一带的云峰山下，距市区 48 千米。云峰山又称九龙山，因其有九条山脊如九龙奔腾而得名。这里共葬金代“始祖”至章宗17个皇帝及后妃、诸王等，是北京地区第一个皇陵，比明十三陵早约 200 年。

周口店遗址

周口店遗址出土了人类化石、石器及上百种动物化石等，发现了大量的用火遗迹，是人类化石宝库和多学科综合研究基地。

潭柘寺

潭柘寺始建于西晋永嘉元年（307 年），寺院初名嘉福寺，清康熙皇帝赐名为岫云寺，但因寺后有龙潭，山上有柘树，故民间一直称为潭柘寺。

窦店土城遗址

窦店土城遗址位于北京市房山区窦店镇，始建于汉代。城呈长方形，分内城、外城两层。外城东西长约 1400 米、南北宽约 800 米，为北京市重点文物保护单位。

西周燕都遗址

西周燕都遗址是周昭王八（公元前 983 年）燕国的初都在地。此遗址的发现，将北京建城史上溯至 3000 多年前。

三山五园

“三山五园”，是对北京西北郊以清代皇家园林为代表的历史文化遗产的统称。“三山”是指万寿山、香山、玉泉山，“五园”是指清漪园（今颐和园）、静宜园、静明园、畅春园和圆明园。

圆明园大水法遗址

卧佛寺

卧佛寺是大乘佛教唐代禅宗的皇家寺庙。清雍正皇帝称其为“入山胜境”“西山兰若之冠”。

景山发电厂

石景山发电厂
北京地区最早的
电厂。

首钢集团

首钢集团，始建于 1919 年，其前身石景山炼厂是北京地区最早的冶金工业基地。

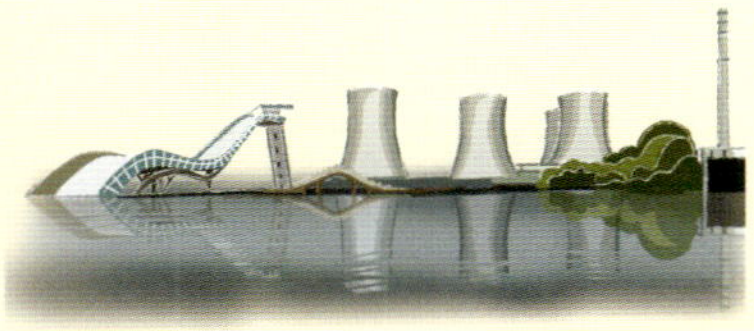

八大处

八大处是西山著名的风景区，因分布着八座寺庙而得名，是寺庙林立的一方净土。

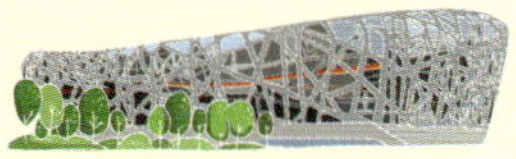

哪里是你心中的北京地标？

地标建筑往往代表了城市的形象，能够直接反映出一个城市的文化与精神面貌，也是这座城市发展的历史见证。那么，在你心中北京是什么样子的呢？什么才是你心中的北京地标？

北京市域部分地标分布图

故宫博物院

在明、清两代皇宫及其收藏品的基础上建立起来的综合性博物馆，是中国乃至世界上保存最完整、规模最大的木质结构古建筑群。

天安门

坐落在中华人民共和国首都北京市的中心、故宫的南端，以杰出的建筑艺术和特殊的政治地位为世人所瞩目。

天坛公园

天坛为明、清两代帝王祭天、祈五谷丰登的场所。

国家大剧院

中国国家表演艺术的最高殿堂，中外文化交流的最大平台，由法国建筑师保罗·安德鲁主持设计。

中央电视台总部大楼

由雷姆·库哈斯和奥雷·舍人带领大都会建筑事务所（OMA）设计。

银河 SOHO

由伊拉克裔英国女建筑师扎哈·哈迪德的建筑师事务所设计，建筑外观展示了连续流动的深空间，数百米长的景观构成深远的、全角度的视野。

三里屯太古里

由一批低密度的当代建筑围合而成，是没有大门的综合商业区。

当代 MOMA

以著名画家马蒂斯的《舞者》为创作灵感设计而成的立体建筑空间。

八达岭长城

天下九塞之一，是万里长城的精华和杰出代表。

北京大兴国际机场

这是目前全球最大规模的单体航站楼。多方面运用世界领先的航行新技术，确保了运行效率和品质。

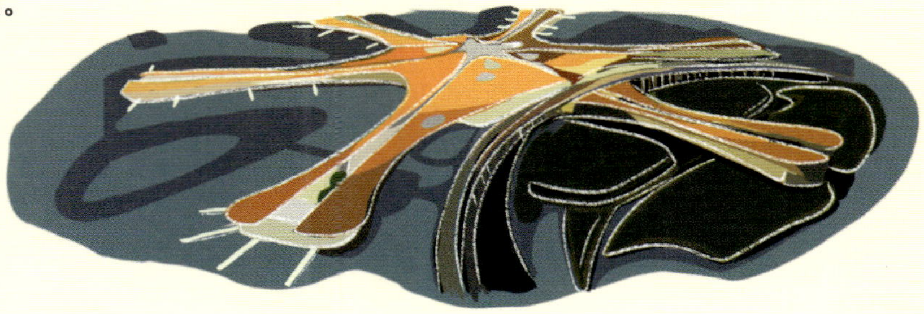

去北京最高的地方！

北京的西、北和东北群山环绕，东南是缓缓向渤海倾斜的大平原。北京山地面积约为 1 万平方千米，占全市土地总面积的 61.3%。北京平原的海拔高度在 20 ～ 60 米，山地海拔一般在 1000 ～ 1500 米，与河北交界的东灵山海拔 2303 米，为北京市最高峰。

小贴士

- 地球表面海拔最高的地点：
  珠穆朗玛峰（8848.86 米）。
- 地球表面海拔最低的地点：
  死海（-427 米）。
- 地球海拔最低的地点：
  马里亚纳海沟（-11034 米）。
- 平均海拔最低的国家：
  荷兰（平均海拔 -11 米）。
- 平均海拔最高的国家：
  莱索托（位于非洲南部，平均海拔 1000 米以上）。

1 “北京高度”一览

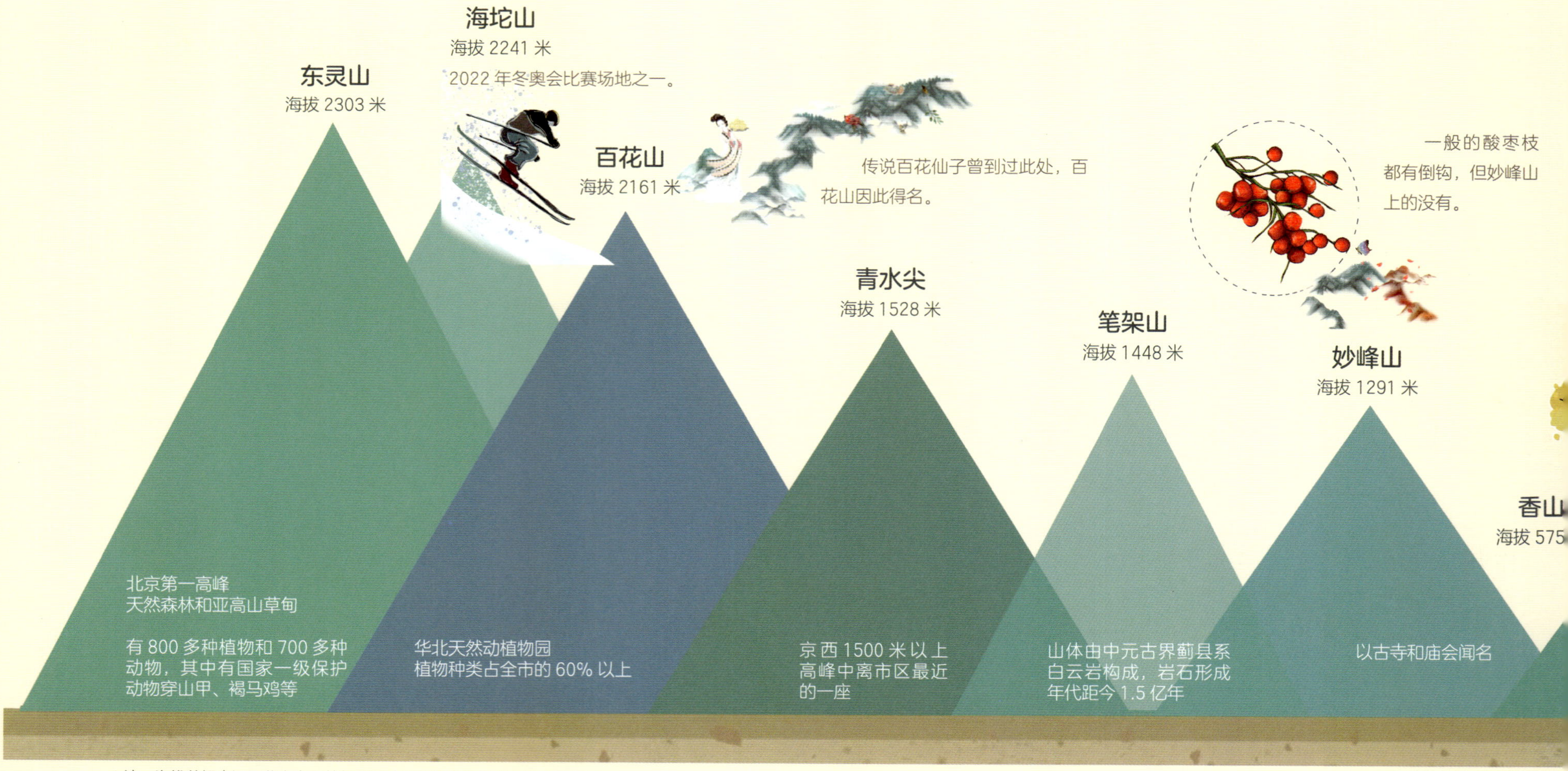

* 注：海拔数据来源于北京市园林绿化局（首都绿化委员会办公室）官网。

2 北京的水准原点

水准原点是海拔高程的起算点。统一高程对于市政规划、交通运输、地震气象研究等都是非常重要的。

北京水准原点是测量计算北京地区（实际上是华北地区）水准点最原始的基准点，其旧址设在今北京市西城区西安门大街 1 号，随着城市建设发展的需要，1979 年又在玉渊潭新建了一处水准原点，新址设在海淀区玉渊潭晾果厂甲 7 号院。

北京市水准原点旧址，位于今北京市西城区西安门大街 1 号。

北京市水准原点位置图

3 建筑的高度测量

如何利用测量仪器测出中国尊的高度呢？假设点 A 和中国尊的最底端 N 在一个水平面上，我们把中国尊的高度设为 H，在 A 点架设一台全站仪，全站仪的高度是 i，我们可以测出全站仪到中国尊顶点 M 的距离 S 和夹角 α。根据三角高程的测量原理就能够得到中国尊的高度 H，即 $H=S\cdot\sin\alpha+i$。

香山红叶驰名中外，是我国四大赏枫胜地之一。

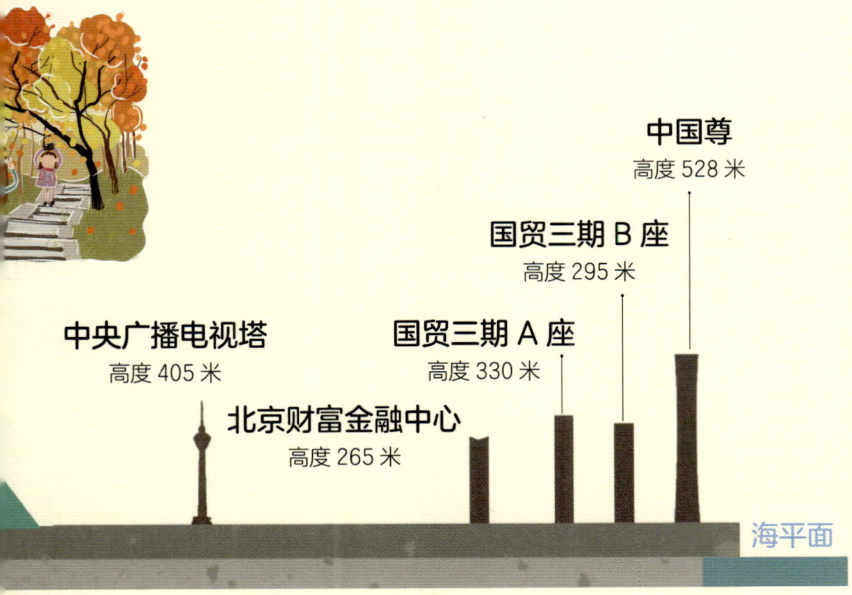

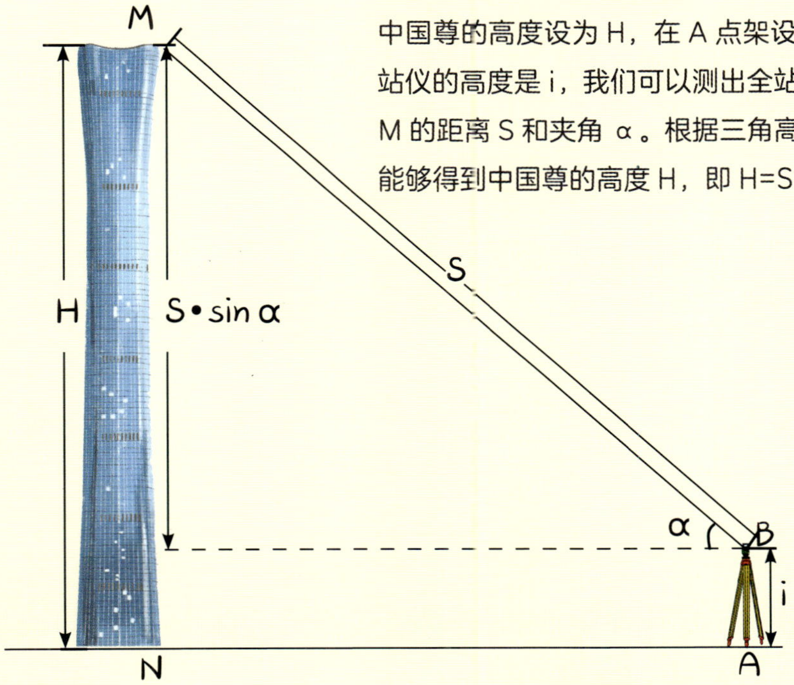

中国尊的高度测量

舌尖上的北京早点

炒肝

以猪肥肠为主要食材，猪肝比例只占三分之一。所谓炒肝并不是炒的，而是煮出来的。

豆浆

除了传统的黄豆浆外，豆浆还有很多花样。红枣、枸杞、绿豆、百合等都可以成为豆浆的配料。

豆面丸子汤

可以在汤中放入芝麻酱、酱豆腐、韭菜花、辣椒油、香菜末调味，味道会更好。有的主顾觉得单吃豆腐或者豆面丸子都不过瘾，于是混着吃豆腐丸子汤，叫作“二样儿”。

北京早点不完全攻略地图

炸糕

炸糕以水磨江米为面皮，豆沙加糖桂花为馅儿，下锅一炸，色泽金黄，咬一口透着一股桂花　香气。

豆汁

大砂锅先加水烧开，兑进发酵的豆汁再烧开，用小火保温，随吃随盛。

北京的老字号

北京老字号不仅是一种商贸景观，更重要的是一种传统文化的传承。京城民间歇后语，如“东来顺的涮羊肉——真叫嫩”“六必居的抹布——酸甜苦辣都尝过”“同仁堂的药——货真价实”“砂锅居的买卖——过午不候”等，生动地表述了这些老字号的品牌特色。过去老北京人有句口头禅：“头顶马聚源，脚踩内联升，身穿八大祥，腰缠四大恒。”这也是老北京对身份的一种炫耀。

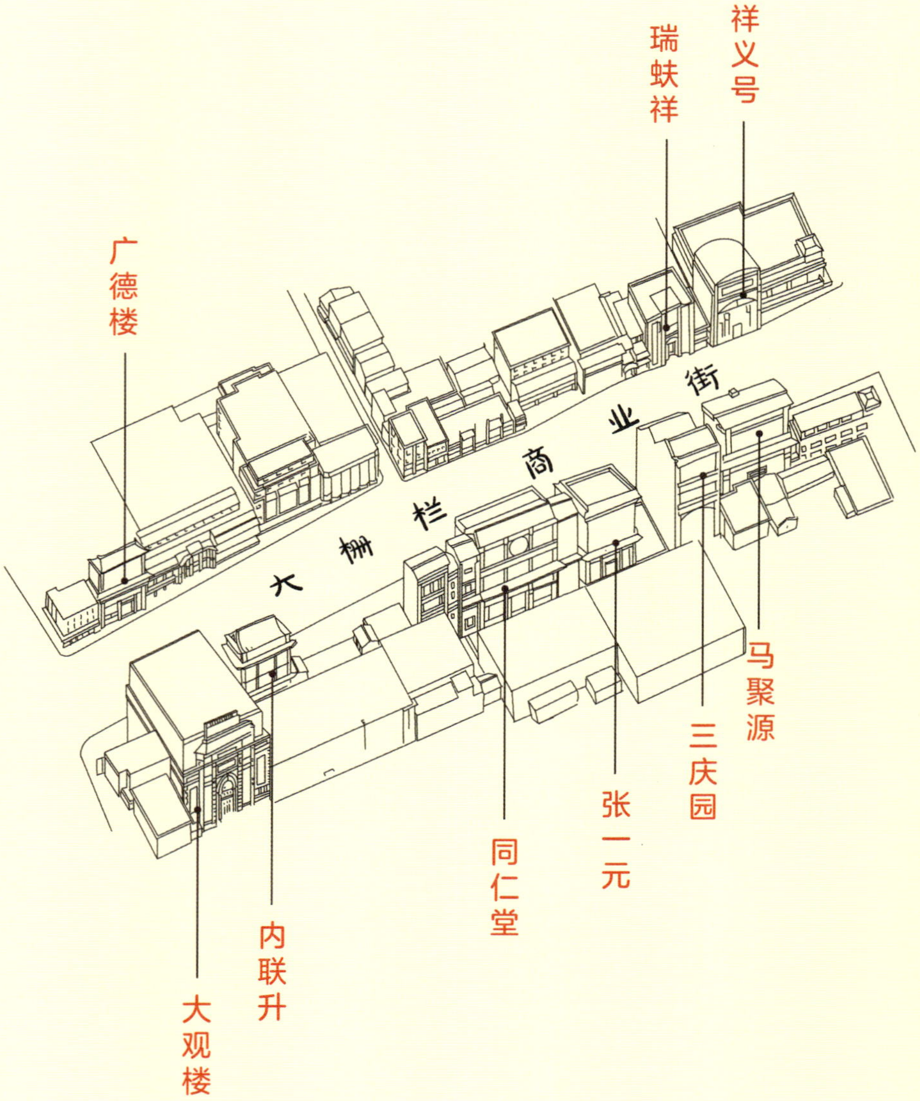

大栅栏商业街老字号分布示意图

马聚源

从明太祖朱元璋创制的“瓜皮小帽”和清代官宦用的“红缨帽”，一直到后来风靡一时的“四块瓦御寒帽”、气质不凡的“皮礼帽”、现代舞台上用的“舞蹈帽”，都是马聚源过去和现在的畅销产品。

瑞蚨祥

“八大祥”指的就是瑞蚨祥、瑞生祥、瑞增祥、瑞林祥、益和祥、广盛祥、祥益号、谦祥益这八家带有“祥”字的绸布店。瑞蚨祥是“八大祥”之首，参与制作了开国大典上毛主席亲手升起的五星红旗。

张一元

过去的人讲，老百姓居家过日子就七个字：柴、米、油、盐、酱、醋、茶。老北京人一提起茶，嘴边上常挂着的就有“张一元”。“张一元”的“一元”有不少讲头，有的人说它来自最初的“张玉元”茶店，有的人说它是“一元复始、万象更新”的意思，还有的人说它是“一元钱一包茶”的意思。

内联升

内联升以制作朝靴起家，鞋底厚达 32 层。特色产品“千层底”鞋底每平方寸（约等于 11.11 平方厘米）用麻绳纳 81 ～ 100 针，针码分布均匀。“内联升”中的“内”指大内即宫廷，“联升”寓意顾客穿上此店制作的朝靴，可以在朝廷官运亨通，连升三级。

不到长城非好汉

中国的长城是人类文明史上最伟大的建筑工程之一。它始建于 2000 多年前的春秋战国时期，秦朝统一中国之后连成万里长城，汉、明两代又曾大规模修筑。其工程之浩繁、气势之雄伟，堪称世界奇迹。

长城是中国古代的军事防御工事，是一道高大、坚固而且连绵不断的长垣，用以阻隔敌骑的行动。长城不只是一道城墙，而是以城墙为主体，与大量的城、障、亭、标相结合的防御体系。它在中华文明发展过程中有着不可替代的作用，是中华民族古老的文化丰碑和智慧结晶，象征着中华民族的血脉相承。

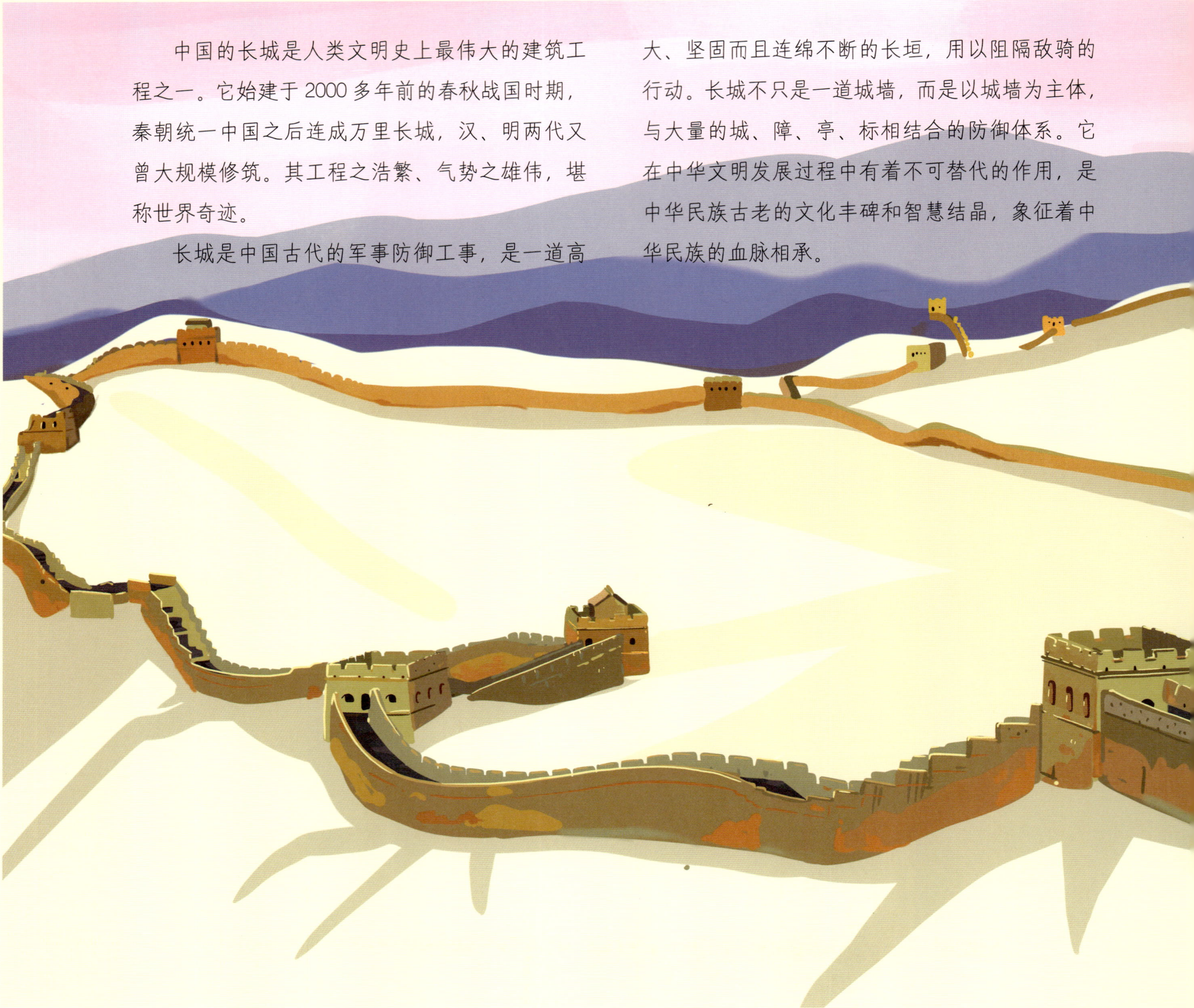

小贴士

长城不是孤立的一道或者几道墙，而是一个集军事防御和民族交融于一体的“秩序带”，这条“秩序带”的整体格局是：腹地屯兵储粮、前线出兵作战。

长城敌台结构示意图

延庆城堡等级体系

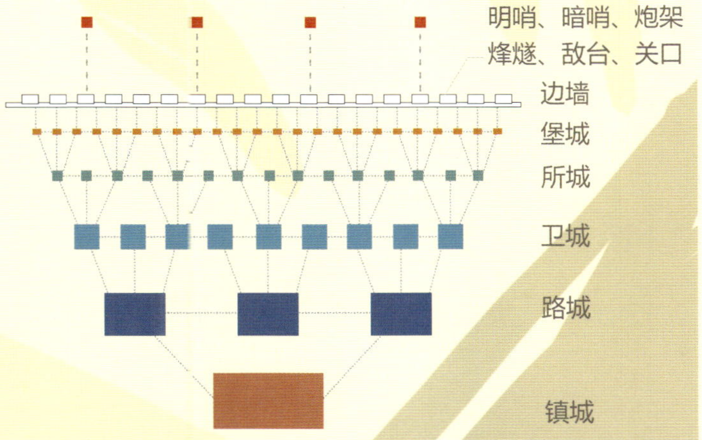

军事城堡级别示意图

1 长城在哪儿？

中国的西南侧是帕米尔高原和青藏高原；东南侧被海洋环绕；中部资源丰富是天然的粮仓；而北部开阔缺乏天然屏障。长城像一条龙，据守在北方。

中国境内长城总长度是 21196.18 千米。北京市境内的长城墙体约长 573 千米，占长城总长约 2.7%。北京连通中原与塞外，其独特的地理位置和地形地貌呈现出壮美的景观。

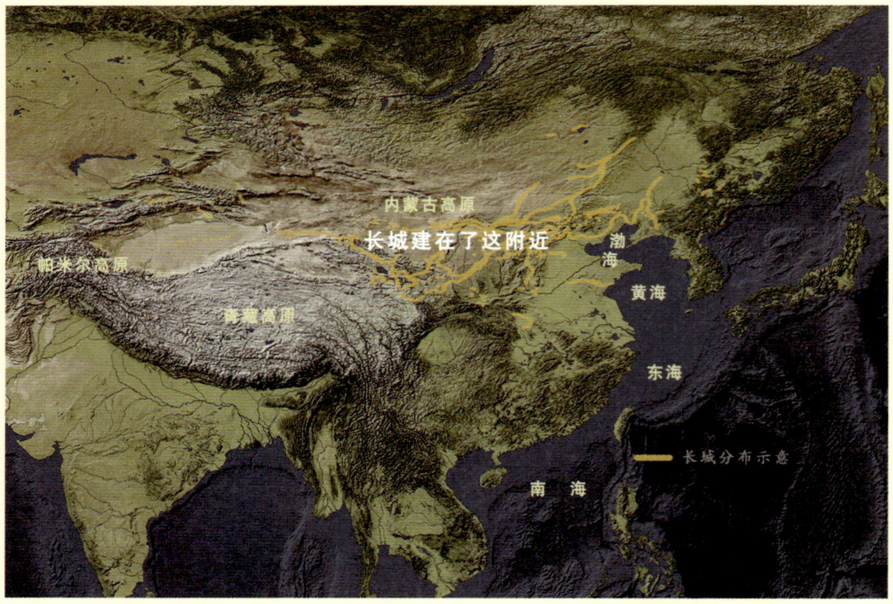

长城地理位置示意图

北京市域内明长城分布图

2 军事

游牧部落常在秋高马肥时南下侵略，长城作为军事防御工事，能够传递情报，以应对外敌，攻防兼备。

❶ 传递敌情

发现敌情后在烽火台上传递军情的方式有：举火、鸣炮、挂旗、击鼓等。

❷ 城外防守

城墙外有针对敌军马匹布下的陷阱，包括陷马坑、拒马枪、挡马墙，以及利用和改造自然环境制造天然屏障。

❸ 城上防守

火器、弓弩、煮沸的排泄物、石灰、飞钩都能成为城上防守的武器。

❹ 军饷

军饷耗资巨大，来源主要包括以下四类：

屯田：守军耕种或招民众耕种。

民运：农民运粮到边陲充当军饷。

开中：招募商人运粮至边陲，以交换盐引。

京运：国库调拨饷银。

明朝实行“军屯制”，有事则战、无事则耕，士兵亦种亦守、自给巨足。朱元璋曾说：“吾养兵百万，不费百姓一粒米。”

3 贸易

人们都不愿意打仗，朝贡、和亲、民间马市是避免直接冲突的方法。长城沿线的民族贸易统称为马市，那么在明朝的马市，能买到什么，又能卖出什么呢？

北京测绘学会

北京市测绘设计研究院

城市空间信息工程北京市重点实验室

联合出品

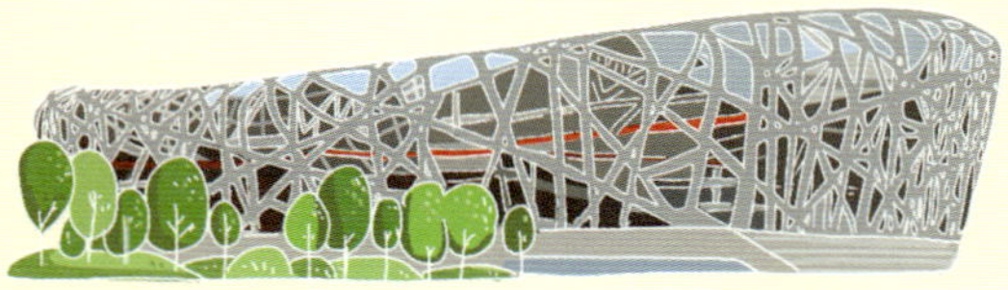